KOMPAKT-WISSEN
PHYSIK

Horst Lautenschlager

Physik 1
Mechanik · Wärmelehre · Relativität

W0021605

STARK

Bildnachweis
Umschlagbild: © Photographer: Frederic Fahraeus/Agency: Dreamstime.com

ISBN 978-3-89449-877-1

© 2013 by Stark Verlagsgesellschaft mbH & Co. KG
www.stark-verlag.de
1. Auflage 2006

Das Werk und alle seine Bestandteile sind urheberrechtlich geschützt.
Jede vollständige oder teilweise Vervielfältigung, Verbreitung und
Veröffentlichung bedarf der ausdrücklichen Genehmigung des Verlages.

Inhalt

Vorwort

Fortsetzung siehe nächste Seite

Autor: Horst Lautenschlager

Vorwort

Liebe Schülerinnen und Schüler,

dieser Band aus der Reihe Kompakt-Wissen bietet Ihnen eine kompakte und gleichzeitig präzise Darstellung des Unterrichtsstoffs zur Mechanik, Wärmelehre und zur Speziellen Relativitätstheorie. Er eignet sich damit hervorragend für den täglichen Schulgebrauch und zur gründlichen Vorbereitung auf das Abitur.

- Alle lehrplanrelevanten Themen werden **verständlich erklärt**.
- Der Inhalt ist übersichtlich aufbereitet und systematisch in überschaubare Abschnitte gegliedert, sodass Sie sich **effektiv und zeitsparend** auf den Unterricht und auf Klausuren **vorbereiten** können.
- **Kernaussagen** und wichtige **physikalische Begriffe** sind **blau** hervorgehoben. Mithilfe vieler **Grafiken** und **Diagramme** wird der im Text behandelte Stoff zusätzlich veranschaulicht.
- **Zahlreiche Querverweise** helfen Ihnen dabei, Zusammenhänge zwischen den verschieden Stoffgebieten zu erkennen.
- Das **umfangreiche Stichwortverzeichnis** erleichtert Ihnen die gezielte Suche nach bestimmten Begriffen und Inhalten.

Viel Freude bei der Lektüre wünscht Ihnen

Horst Lautenschlager

Elemente der Kinematik

Die **Kinematik** befasst sich mit der Bewegung von Körpern, ohne auf die damit im Zusammenhang stehenden Kräfte einzugehen. Sind die Ausdehnungen eines Körpers klein gegenüber den sonst vorkommenden Längen und kann von Drehungen um innere Achsen abgesehen werden, stellt man sich einen Körper modellhaft als **Massenpunkt** vor, also als einen mathematischen Punkt, in dem die gesamte Körpermasse vereinigt ist.

1 Größen zur Beschreibung einer Bewegung

Bewegt sich ein Massenpunkt längs einer Geraden, legt man zur Ortsbeschreibung die Achse eines eindimensionalen Koordinatensystems so, dass sie mit der Geraden zusammenfällt. Wird jedem Zeitpunkt t der orientierte Abstand x des Massenpunkts vom Koordinatenursprung zugeordnet, erhält man die **Zeit-Orts-Funktion x(t)**. Ihr Graph wird in einem kartesischen Koordinatensystem mit x als Ordinate und t als Abszisse dargestellt.

Legt ein Massenpunkt bei seiner Bewegung längs einer Geraden im Zeitintervall $[t_1; t_2]$ die Wegstrecke $x(t_2) - x(t_1)$ zurück, so versteht man unter seiner **mittleren Geschwindigkeit** in diesem Zeitintervall den Quotienten

$$\overline{v} := \frac{x(t_2) - x(t_1)}{t_2 - t_1}.$$

Die Erfahrung zeigt, dass die mittleren Geschwindigkeiten eines Massenpunkts in Zeitintervallen, die alle den Zeitpunkt t_0 enthalten, einem bestimmten Wert, der **Momentangeschwindigkeit** zum Zeitpunkt t_0 (Bezeichnung $v(t_0)$), zustreben, wenn die Intervalllängen gegen null streben. Es gilt:

$$v(t_0) := \lim_{t \to t_0} \frac{x(t) - x(t_0)}{t - t_0}$$

4 Die **Momentangeschwindigkeit** zum Zeitpunkt t_0 ist die **erste Ableitung der Zeit-Orts-Funktion x(t)** nach der Zeit an der Stelle t_0:

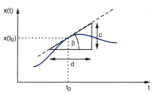

$$v(t_0) = \dot{x}(t_0)$$

Sie kann grafisch als Steigung der Tangente an den Graphen der Funktion x(t) im Punkt $(t_0 \,|\, x(t_0))$ gedeutet werden:

$$v(t_0) = \frac{c}{d} = \tan\beta$$

5 Bewegt sich ein Massenpunkt längs einer Geraden, entspricht die **Ortsänderung** $x(t_2) - x(t_1)$ der **Flächenbilanz** der vom Graphen der Funktion v(t), der t-Achse und den Geraden $t = t_1$ und $t = t_2$ begrenzten Flächen. Dabei werden Flächen unter bzw. über der t-Achse negativ bzw. positiv gezählt.

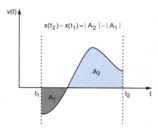

Begründung: Da x(t) nach (→ 1|4) eine Stammfunktion von v(t) ist, gilt:

$$x(t_2) - x(t_1) = \int_{t_1}^{t_2} v(\tau)\, d\tau$$

Die **Summe der Flächenbeträge** entspricht dem **zurückgelegten Weg**.

6 **Geschwindigkeiten** besitzen die **Einheit** $\frac{m}{s}$. Die Umrechnung auf die im Alltag gebräuchliche Geschwindigkeitseinheit $\frac{km}{h}$ lautet:

$$1\,\frac{m}{s} = 3{,}6\,\frac{km}{h} \quad \text{bzw.}$$

$$1\,\frac{km}{h} = \frac{1}{3{,}6}\,\frac{m}{s}$$

Ändert sich bei der Bewegung eines Massenpunkts längs einer Geraden seine Momentangeschwindigkeit (→ 1|3), so spricht man von einer **beschleunigten Bewegung**. **7**

Der Quotient aus der Änderung $v(t_2) - v(t_1)$ der Momentangeschwindigkeit und der Länge $t_2 - t_1$ des Zeitintervalls

$$\overline{a} := \frac{v(t_2) - v(t_1)}{t_2 - t_1}$$

heißt **mittlere Beschleunigung** im Zeitintervall $[t_1; t_2]$.

Die Erfahrung zeigt, dass die mittleren Beschleunigungen eines Massenpunkts in Zeitintervallen, die alle den Zeitpunkt t_0 enthalten, einem bestimmten Wert, der **Momentanbeschleunigung** zum Zeitpunkt t_0 (Bezeichnung $a(t_0)$), zustreben, wenn die Intervalllängen gegen null streben. Es gilt: **8**

$$a(t_0) := \lim_{t \to t_0} \frac{v(t) - v(t_0)}{t - t_0}$$

Die **Momentanbeschleunigung** zum Zeitpunkt t_0 ist die **erste Ableitung der Zeit-Geschwindigkeits-Funktion v(t)** nach der Zeit an der Stelle t_0: **9**

$$a(t_0) = \dot{v}(t_0)$$

Sie kann grafisch als Steigung der Tangente an den Graphen der Funktion v(t) im Punkt $(t_0 | v(t_0))$ gedeutet werden:

$$a(t_0) = \frac{e}{b} = \tan \alpha$$

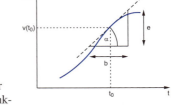

Bei der Bewegung eines Massenpunkts längs einer Geraden entspricht die **Änderung** $v(t_2) - v(t_1)$ **der Momentangeschwindigkeit** der **Flächenbilanz** der vom Graphen der Funktion a(t), der t-Achse und den Geraden $t = t_1$ und $t = t_2$ begrenzten Flächen. **10**

Dabei werden Flächen unter bzw. über der t-Achse negativ bzw. positiv gezählt.

Begründung: Da v(t) nach (→ 1|9) eine Stammfunktion von a(t) ist, gilt:

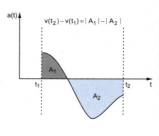

$$v(t_2) - v(t_1) = \int_{t_1}^{t_2} a(\tau)\, d\tau$$

11 **Beschleunigungen** besitzen die **Einheit** $\frac{m}{s^2}$.

Begründung:

$$[a] = \left[\frac{v(t_2) - v(t_1)}{t_2 - t_1} \right] = \frac{\frac{m}{s}}{s} = \frac{m}{s^2}$$

12 Zwischen der t-x-, der t-v- und der t-a-Funktion besteht nach (→ 1|4) und (→ 1|9) der Zusammenhang:

$$\ddot{x}(t) = \dot{v}(t) = a(t)$$

13 Zur Beschreibung **der Bewegung eines Massenpunkts im Raum** führt man ein dreidimensionales kartesisches Koordinatensystem ein und ordnet jedem Zeitpunkt t jeweils die Koordinaten x(t), y(t), z(t) des Raumpunkts zu, in dem sich der Massenpunkt zum Zeitpunkt t gerade befindet. Den Vektor der

Momentangeschwindigkeit | **Momentanbeschleunigung**

des Massenpunkts zum Zeitpunkt t erhält man durch Vektoraddition der zu den Koordinatenachsen parallelen

Geschwindigkeitskomponenten: | Beschleunigungskomponenten:

$$\vec{v}(t) = \vec{v}_x(t) + \vec{v}_y(t) + \vec{v}_z(t) \qquad \vec{a}(t) = \vec{a}_x(t) + \vec{a}_y(t) + \vec{a}_z(t)$$

Für deren Beträge gilt:

$$
\begin{aligned}
v_x(t) &= \dot{x}(t) \\
v_y(t) &= \dot{y}(t) \\
v_z(t) &= \dot{z}(t)
\end{aligned}
\qquad
\begin{aligned}
a_x(t) &= \dot{v}_x(t) = \ddot{x}(t) \\
a_y(t) &= \dot{v}_y(t) = \ddot{y}(t) \\
a_z(t) &= \dot{v}_z(t) = \ddot{z}(t)
\end{aligned}
$$

2   Geradlinig gleichförmige Bewegung

Die Bewegung eines Massenpunkts auf einer Geraden mit einer nach **1**
Betrag und Richtung **konstanten Geschwindigkeit** v heißt **geradlinig gleichförmig**.

Die zugehörige **Zeit-Orts-Funktion** lautet: **2**

$$x(t) = x_0 + v \cdot t$$

x_0 bezeichnet dabei den orientierten Abstand des Massenpunkts vom
Koordinatenursprung zu Beginn der Zeitrechnung.

Begründung: Da v konstant ist, folgt aus $\dot{x}(t) = v$ ($\rightarrow$ 1|4) durch Integration nach der Zeit

$$x(t) = v \cdot t + C,$$

wobei $C = x(0) =: x_0$.

Das zugehörige **Zeit-Orts-Diagramm** ist eine Gerade mit der Stei- **3**
gung v und dem y-Achsenabschnitt x_0.

Ist v > 0, erfolgt die Bewegung in positive x-Richtung.	Ist v < 0, erfolgt die Bewegung in negative x-Richtung.
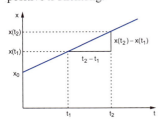	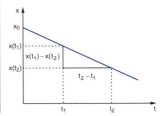

Die zugehörige **Zeit-Geschwindigkeits-Funktion** lautet: **4**

$$v(t) = v$$

Das **Zeit-Geschwindigkeits-Diagramm** ist eine Gerade, die im Abstand |v| parallel ober- bzw. unterhalb zur t-Achse verläuft:

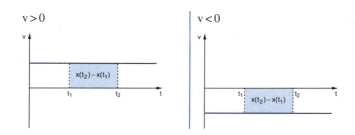

5 Der Inhalt der schraffierten Fläche ist ein Maß für den in der Zeit $t_2 - t_1$ zurückgelegten Weg ($\rightarrow$ 1|5).

3 Geradlinig gleichmäßig beschleunigte Bewegung

1 Eine geradlinige Bewegung eines Massenpunkts mit einer nach Betrag und Richtung **konstanten Beschleunigung** a heißt **geradlinig gleichmäßig beschleunigt**.

2 Die Zeit-Beschleunigungs-Funktion lautet:

$a(t) = a$

Das zugehörige **Zeit-Beschleunigungs-Diagramm** ist eine Gerade, die im Abstand $|a|$ parallel ober- bzw. unterhalb zur t-Achse verläuft:

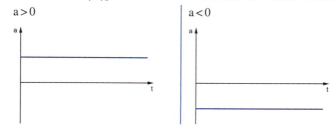

Die **Zeit-Geschwindigkeits-Funktion** lautet: **3**

$$v(t) = v_0 + a \cdot t$$

v_0 bezeichnet dabei die Geschwindigkeit des Massenpunkts zu Beginn der Zeitrechnung.

Begründung: Da a konstant ist, folgt aus $\dot{v}(t) = a$ (→ 1|9) durch Integration nach der Zeit

$$v(t) = a \cdot t + C,$$

wobei $C = v(0) =: v_0$.

Das zugehörige **Zeit-Geschwindigkeits-Diagramm** ist eine Gerade **4** mit der Steigung a und dem y-Achsenabschnitt v_0.

Ist $a > 0$, nimmt die Geschwindig- | Ist $a < 0$, nimmt die Geschwin-
keit zu. | digkeit ab.

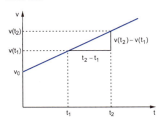 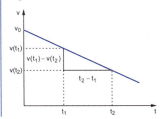

Die **Zeit-Orts-Funktion** lautet: **5**

$$x(t) = \frac{1}{2}a \cdot t^2 + v_0 \cdot t + x_0$$

x_0 bzw. v_0 bezeichnen dabei den orientierten Abstand des Massenpunkts vom Koordinatenursprung bzw. seine orientierte Geschwindigkeit zu Beginn der Zeitrechnung.

Begründung: Aus $\dot{x}(t) = v(t)$ (→ 1|4) folgt unter Beachtung von $v(t) = v_0 + a \cdot t$ (→ 3|3) durch Integration nach der Zeit

$$x(t) = v_0 \cdot t + \frac{1}{2}a \cdot t^2 + C,$$

wobei $C = x(0) =: x_0$.

6 Das zugehörige **Zeit-Orts-Diagramm** ist eine nach oben ($a > 0$) bzw. unten ($a < 0$) offene **Parabel**. Ihr Scheitel liegt im Punkt:

$$\left(-\frac{v_0}{a} \,\middle|\, x_0 - \frac{v_0^2}{2a} \right)$$

Begründung: Durch Ausklammern und anschließende quadratische Ergänzung transformiert man den quadratischen Term in die Scheitelform, aus der man die Scheitelkoordinaten ablesen kann:

$$\frac{1}{2}a \cdot t^2 + v_0 \cdot t + x_0 = \frac{1}{2}a \cdot \left(t^2 + \frac{2v_0}{a} \cdot t + \frac{2x_0}{a} \right)$$

$$= \frac{1}{2}a \cdot \left(\left(t + \frac{v_0}{a} \right)^2 + \frac{2x_0}{a} - \left(\frac{v_0}{a} \right)^2 \right)$$

$$= \frac{1}{2}a \cdot \left(t + \frac{v_0}{a} \right)^2 + x_0 - \frac{v_0^2}{2a}$$

7 Erfährt ein Massenpunkt auf einer Geraden zwischen den Orten x_0 und x die konstante orientierte Beschleunigung a und bezeichnen v bzw. v_0 seine Momentangeschwindigkeiten an den Orten x und x_0, so gilt die **Ort-Geschwindigkeits-Funktion**:

$$\mathbf{v^2 - v_0^2 = 2a \cdot (x - x_0)}$$

Begründung: Löst man die Gleichung $v(t) = v_0 + a \cdot t$ ($\rightarrow 3|3$) nach t auf und setzt in die Gleichung $x(t) = \frac{1}{2}a \cdot t^2 + v_0 \cdot t + x_0$ ($\rightarrow 3|5$) ein, erhält man:

$$x = \frac{1}{2}a \cdot \left(\frac{v - v_0}{a} \right)^2 + v_0 \cdot \frac{v - v_0}{a} + x_0$$

$$= \frac{\frac{1}{2}(v^2 - 2 \cdot v \cdot v_0 + v_0^2) + v_0 \cdot v - v_0^2}{a} + x_0$$

$$= \frac{\frac{1}{2}(v^2 - v_0^2)}{a} + x_0$$

$$\Rightarrow \quad v^2 - v_0^2 = 2a \cdot (x - x_0)$$

Beispiel 1: Bremsdauer eines Pkws
Berechnen Sie die Bremsdauer eines Pkws, der gleichmäßig von $14\,\frac{m}{s}$ auf $2\,\frac{m}{s}$ abgebremst wird und dabei eine Strecke von 48 m zurücklegt.

Lösung:
Löst man Gleichung ($\rightarrow$ 3|7) nach a auf und setzt die gegebenen Geschwindigkeiten sowie die Wegstrecke ein, erhält man für die Beschleunigung a:

$$v^2 - v_0^2 = 2a \cdot (x - x_0)$$

$$\Rightarrow \quad a = \frac{v^2 - v_0^2}{2(x - x_0)} = \frac{\left(2\,\frac{m}{s}\right)^2 - \left(14\,\frac{m}{s}\right)^2}{2 \cdot 48\,m} = -2\,\frac{m}{s^2}$$

Löst man die Gleichung ($\rightarrow$ 3|3) nach t auf und setzt den für a berechneten Wert und die gegebenen Geschwindigkeiten ein, erhält man für die gesuchte Bremsdauer:

$$v(t) = v_0 + a \cdot t \quad \Rightarrow \quad t = \frac{v(t) - v_0}{a} = \frac{2\,\frac{m}{s} - 14\,\frac{m}{s}}{-2\,\frac{m}{s^2}} = 6\,s$$

Beispiel 2: Bewegung eines Massenpunkts
Ein Massenpunkt befindet sich zum Zeitpunkt $t = 0$ s im Koordinatenursprung und bewegt sich für $0\,s \leq t \leq 6\,s$ entsprechend dem nebenstehenden t-v-Diagramm längs einer Geraden.

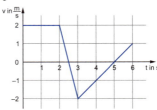

a) Welche Wegstrecke s legt er dabei insgesamt zurück?
b) Wo befindet er sich zum Zeitpunkt $t = 6$ s?

Lösung:
a) Die **zurückgelegte Wegstrecke s** entspricht nach ($\rightarrow$ 1|5) der Summe der Flächeninhalte des
   • Trapezes mit den parallelen Seiten der Längen 2 s und 2,5 s und der Höhe $2\,\frac{m}{s}$:

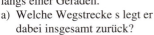

$$A_1 = \frac{2\,s + 2,5\,s}{2} \cdot 2\,\frac{m}{s} = 4,5\,m$$

- Dreiecks mit der Grundseite 2,5 s und der Höhe $2 \frac{m}{s}$:

$$A_2 = \frac{1}{2} \cdot 2{,}5\,s \cdot 2\,\frac{m}{s} = 2{,}5\,m$$

- Dreiecks mit der Grundseite 1 s und der Höhe $1 \frac{m}{s}$:

$$A_3 = \frac{1}{2} \cdot 1\,s \cdot 1\,\frac{m}{s} = 0{,}5\,m$$

Also gilt:

$$s = 4{,}5\,m + 2{,}5\,m + 0{,}5\,m = 7{,}5\,m$$

b) Der **Ort x(6 s)** entspricht nach (→ 1|5) der Flächenbilanz der Teil-
flächen:

$$x(6\,s) = A_1 - A_2 + A_3 = 4{,}5\,m - 2{,}5\,m + 0{,}5\,m = 2{,}5\,m$$

10 **Beispiel 3:** Überholvorgang

Zwei 300 m voneinander entfernte Fahrzeuge starten gleichzeitig aus
der Ruhe heraus auf einer geraden Straße in dieselbe Richtung mit
den konstanten Beschleunigungen $1 \frac{m}{s^2}$ bzw. $2 \frac{m}{s^2}$. Nach welcher Zeit
und nach welcher Strecke überholt bei Vernachlässigung der Fahr-
zeuglängen das schnellere das langsamere Fahrzeug?

Lösung:

Befindet sich das schnellere
Fahrzeug zu Beginn der Zeitrechnung im Koordinaten-
ursprung, so lauten die Zeit-
Orts-Funktionen der Fahrzeu-
ge nach (→ 3|5) für

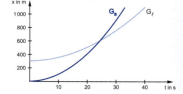

- das schnellere Fahrzeug:

$$x_s(t) = \frac{1}{2} \cdot 2\,\frac{m}{s^2} \cdot t^2 = 1\,\frac{m}{s^2} \cdot t^2$$

- das langsamere Fahrzeug:

$$x_\ell(t) = \frac{1}{2} \cdot 1\,\frac{m}{s^2} \cdot t^2 + 300\,m = 0{,}5\,\frac{m}{s^2} \cdot t^2 + 300\,m$$

Die Graphen dieser Funktionen sind im t-x-Diagramm dargestellt.
Die Abszisse des Graphenschnittpunkts ist die Einholzeit, seine Ordinate der Einholweg des schnelleren Fahrzeugs.

Berechnung des Graphenschnittpunkts:

$$x_s(t) = x_\ell(t)$$

$$1\,\frac{m}{s^2} \cdot t^2 = 0{,}5\,\frac{m}{s^2} \cdot t^2 + 300\,m$$

$$\Rightarrow \quad 0{,}5\,\frac{m}{s^2} \cdot t^2 = 300\,m \quad \Rightarrow \quad t = \pm\sqrt{600\,s^2} \approx \pm 24{,}5\,s$$

Das schnellere Fahrzeug holt das langsamere nach 24,5 s ein. Setzt man dieses Ergebnis in $x_s(t)$ ein, ergibt sich der Einholweg zu 600 m.

4   Senkrechter Wurf

Mit den Gesetzen der geradlinig gleichmäßig beschleunigten Bewegung lassen sich alle Fall- und Wurfbewegungen beschreiben, bei denen sich ein Körper nur unter dem Einfluss seiner Gewichtskraft bewegt.

Die Erfahrung zeigt nämlich, dass unter diesen Voraussetzungen alle Körper am selben Ort die gleiche von ihrer Masse unabhängige, zum Erdmittelpunkt hin gerichtete, konstante Beschleunigung erfahren, deren Betrag mit dem **Ortsfaktor** g am Bewegungsort übereinstimmt. In Meereshöhe schwankt der numerische Wert von g wegen der Erdabplattung und der Erdrotation zwischen $9{,}78\,\frac{m}{s^2}$ am Äquator und $9{,}83\frac{m}{s^2}$ an den Polen. Zusätzlich hängt er auch von der Höhe des Versuchsorts über Normalnull ab. Im Mittel beträgt er in unseren Breiten $9{,}81\frac{m}{s^2}$.

Als

a) **freien Fall**

b) **senkrechten Wurf nach oben** bzw. **unten**

bezeichnet man die Bewegung, die ein Körper

a) aus der Ruhe heraus

b) mit einer senkrecht nach oben bzw. unten gerichteten Anfangsgeschwindigkeit vom Betrag v_0

nur unter dem Einfluss seiner Gewichtskraft ausführt.

3 Befindet der Körper sich am Bewegungsanfang im Ursprung eines eindimensionalen Koordinatensystems, das senkrecht von unten nach oben gerichtet ist, so lauten die **Bewegungsgleichungen**

für den **freien Fall**:

a) $x(t) = -\dfrac{1}{2}g \cdot t^2$

b) $v(t) = -g \cdot t$

c) $v^2 = -2g \cdot x$

für den **senkrechten Wurf nach oben**:

d) $x(t) = -\dfrac{1}{2}g \cdot t^2 + v_0 \cdot t$

e) $v(t) = -g \cdot t + v_0$

f) $v^2 - v_0^2 = -2g \cdot x$

für den **senkrechten Wurf nach unten**:

g) $x(t) = -\dfrac{1}{2}g \cdot t^2 - v_0 \cdot t$

h) $v(t) = -g \cdot t - v_0$

i) $v^2 - v_0^2 = -2g \cdot x$

Begründung: Die Bewegungsgleichungen ergeben sich unter Beachtung von $x_0 = 0$ unmittelbar aus ($\rightarrow$ 3|3; 5; 7), wenn man

• $a = -g$ und $v_0 = 0$ setzt (freier Fall) bzw.
• $a = -g$ setzt (senkrechter Wurf nach oben) bzw.
• $a = -g$ setzt und v_0 durch $-v_0$ ersetzt (senkrechter Wurf nach unten).

Die Beziehungen f und i unterscheiden sich dadurch, dass x und v bei i nur negative, bei f negative und positive Werte annehmen.

4 Beim **senkrechten Wurf nach oben** wird der **höchste Punkt** der Wurfbahn im Abstand

$$h_S = \frac{v_0^2}{2g}$$

vom Abwurfort zum Zeitpunkt $t_S = \dfrac{v_0}{g}$ erreicht.

Begründung: Im höchsten Punkt der Wurfbahn besitzt der Körper die Geschwindigkeit $0\,\frac{m}{s}$. Löst man $0\,\frac{m}{s} = v(t_S) = -g \cdot t_S + v_0$ ($\rightarrow 4|3e$) nach t_S auf, erhält man:

$$t_S = \frac{v_0}{g}$$

Einsetzen dieses Ergebnisses in ($\rightarrow 4|3d$) liefert:

$$h_S = -\frac{1}{2}g \cdot t_S^2 + v_0 \cdot t_S$$

$$= -\frac{1}{2}g \cdot \left(\frac{v_0}{g}\right)^2 + v_0 \cdot \frac{v_0}{g} = -\frac{1}{2} \cdot \frac{v_0^2}{g} + \frac{v_0^2}{g} = \frac{v_0^2}{2g}$$

Beispiel zum freien Fall   5

Aus welcher Höhe muss ein Körper frei fallen, um mit $50\,\frac{km}{h}$ am Boden aufzuschlagen?

Lösung:
Löst man ($\rightarrow 4|3c$) nach x auf, erhält man:

$$x = \frac{v^2}{-2g}$$

Einsetzen der gegebenen Werte ergibt:

$$x = \frac{\left(50 \cdot \frac{1}{3,6}\,\frac{m}{s}\right)^2}{-2 \cdot 9,81\,\frac{m}{s^2}} = -9,8\,\text{m}$$

Der Körper muss aus einer Höhe von 9,8 m losgelassen werden.

Beispiel zum senkrechten Wurf nach oben   6

Nach welcher Zeit und mit welcher Geschwindigkeit trifft ein Stein am Boden auf, der in 50 m Höhe aus einem Turmfenster mit der Anfangsgeschwindigkeit $v_0 = 5{,}0\,\frac{m}{s}$ senkrecht nach oben geworfen wird?

Lösung:
Weil der Auftreffort 50 m unter dem Abwurfort liegt, ergibt sich die Wurfzeit aus ($\rightarrow 4|3d$), wenn man dort für $x = -50$ m setzt und nach t auflöst:

$$x(t) = -\frac{1}{2}g \cdot t^2 + v_0 \cdot t \;\Rightarrow\; \frac{1}{2}g \cdot t^2 - v_0 \cdot t + x(t) = 0$$

$$\Rightarrow\; t_{1,2} = \frac{v_0 \pm \sqrt{v_0^2 - 4 \cdot \frac{g}{2} \cdot x(t)}}{2 \cdot \frac{g}{2}} = \frac{v_0 \pm \sqrt{v_0^2 - 2g \cdot x(t)}}{g}$$

$$t_{1,2} = \frac{5{,}0\frac{m}{s} \pm \sqrt{\left(5{,}0\frac{m}{s}\right)^2 - 2 \cdot 9{,}81\frac{m}{s^2} \cdot (-50\ m)}}{9{,}81\frac{m}{s^2}}$$

$$t_1 = -2{,}7\ s \quad \text{(physikalisch sinnlos)}$$
$$t_2 = 3{,}7\ s$$

Die Auftreffgeschwindigkeit erhält man durch Einsetzen von t_2 in ($\rightarrow 4\,|\,3e$):

$$v(t_2) = -9{,}81\,\frac{m}{s^2} \cdot 3{,}7\ s + 5{,}0\,\frac{m}{s} \approx -31\,\frac{m}{s}$$

7 ▪ Beispiel zum senkrechten Wurf nach unten

Mit welchem Geschwindigkeitsbetrag muss ein Körper von einer 100 m hohen Brücke senkrecht nach unten geworfen werden, damit er 2 Sekunden später am Boden auftrifft?

Lösung:

Um den Betrag der Abwurfgeschwindigkeit zu erhalten, löst man ($\rightarrow 4\,|\,3g$) nach v_0 auf und setzt für $t = 2\ s$ und für $x = -100\ m$, weil der Auftreffort 100 m unter dem Abwurfort liegt:

$$x(t) = -\frac{1}{2}g \cdot t^2 - v_0 \cdot t$$

$$\Rightarrow\; v_0 = -\frac{1}{2}g \cdot t - \frac{x(t)}{t}$$

$$v_0 = -\frac{1}{2} \cdot 9{,}81\,\frac{m}{s^2} \cdot 2\ s - \frac{-100\ m}{2\ s} \approx 40\,\frac{m}{s}$$

5   Waagerechter Wurf

Von einem waagerechten Wurf spricht man, wenn ein Körper parallel zur Erdoberfläche abgeworfen wird und sich anschließend nur unter dem Einfluss seiner Gewichtskraft bewegt. **1**

Für die mathematische Beschreibung legt man ein zweidimensionales kartesisches Koordinatensystem so, dass der Ursprung im Abwurfpunkt liegt, die x-Achse in die Abwurfrichtung und die y-Achse nach oben weist. **2**

Die Erfahrung zeigt, dass sich ein waagerechter Wurf durch ungestörte **Überlagerung** einer **geradlinig gleichförmigen Bewegung in x-Richtung** (→ 2) und eines **freien Falls** (→ 4) ergibt. **3**

Bezeichnet v_0 den Betrag der Anfangsgeschwindigkeit, so gilt nach (→ 2|2; 4) und (→ 4|3a; b) in **4**

x-Richtung	y-Richtung

für die **Beschleunigung**:

$$a_x(t) = 0 \, \frac{m}{s^2} \quad (1) \qquad\qquad a_y(t) = -g \quad (2)$$

für die **Geschwindigkeit**:

$$v_x(t) = v_0 \quad (3) \qquad\qquad v_y(t) = -g \cdot t \quad (4)$$

für die **Ortskoordinate**:

$$x(t) = v_0 \cdot t \quad (5) \qquad\qquad y(t) = -\frac{1}{2} g \cdot t^2 \quad (6)$$

Löst man (5) nach t auf und setzt in (6) ein, erhält man die Gleichung der **Bahnkurve des waagerechten Wurfs**: **5**

$$\mathbf{y(x) = -\frac{g}{2v_0^2} \cdot x^2} \quad (7)$$

Der Graph ist ein nach unten offener **Parabelast** mit Scheitel im Koordinatenursprung.

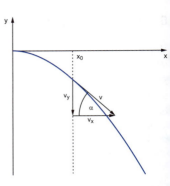

6 Hat der Körper vom Abwurfpunkt den horizontalen Abstand x_0, so erhält man

a) seine **y-Koordinate** durch Einsetzen von x_0 in die Bahngleichung:

$$y(x_0) = -\frac{g}{2v_0^2} \cdot x_0^2 \qquad (8)$$

b) seine **Geschwindigkeitskomponente** v_y durch Einsetzen von $t = \frac{x_0}{v_0}$ in (4):

$$v_y(x_0) = -g \cdot \frac{x_0}{v_0} \qquad (9)$$

c) den **Betrag seiner Momentangeschwindigkeit** mithilfe des Satzes von Pythagoras aus (9):

$$v_{ges} = \sqrt{v_0^2 + v_y^2(x_0)}$$

$$v_{ges} = \sqrt{v_0^2 + \frac{g^2 \cdot x_0^2}{v_0^2}} \qquad (10)$$

d) den **Betrag des Ablenkwinkels** bzgl. der Horizontalen mittels (9) aus der Beziehung

$$\tan \alpha = \left| \frac{v_y(x_0)}{v_0} \right| = \left| \frac{g \cdot x_0}{v_0^2} \right|$$

Durchfällt der Körper die Höhe h, so beträgt die **Wurfweite**:

$$w = \sqrt{\frac{2h}{g}} \cdot v_0$$

Begründung: Die Beziehung ergibt sich als Spezialfall von (8), wenn man dort für $y(x_0) = -h$ setzt und nach x_0 auflöst.

6 Schiefer Wurf

Von einem **schiefen Wurf** spricht man, wenn ein Körper unter einem Winkel gegen die Horizontale abgeworfen wird und sich anschließend nur unter dem Einfluss seiner Gewichtskraft bewegt.

Für die mathematische Beschreibung legt man ein zweidimensionales kartesisches Koordinatensystem so, dass der Ursprung im Abwurfpunkt liegt, die y-Achse nach oben zeigt und die x-Achse und die Horizontalkomponente der Abwurfgeschwindigkeit in die gleiche Richtung weisen.

Die Erfahrung zeigt, dass ein schiefer Wurf durch ungestörte **Überlagerung** einer **geradlinig gleichförmigen Bewegung in x-Richtung** (→ 2) und eines **senkrechten Wurfs nach oben** (→ 4) entsteht.

Bezeichnet v_0 den Betrag der Anfangsgeschwindigkeit und α den Abwurfwinkel, so gilt für die Komponenten der Abwurfgeschwindigkeit in x-Richtung:

$$v_{0x} = v_0 \cdot \cos\alpha \quad (1)$$

y-Richtung:

$$v_{0y} = v_0 \cdot \sin\alpha \quad (2)$$

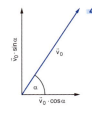

Aus ($\rightarrow 2\,|\,2;\,4$) und ($\rightarrow 4\,|\,3d;\,e$) ergibt sich damit in

x-Richtung $\qquad\qquad$ | $\qquad$ y-Richtung

für die **Beschleunigung**:

$$a_x(t) = 0\,\frac{m}{s^2} \quad (3) \qquad\Big|\qquad a_y(t) = -g \qquad\qquad (4)$$

für die **Geschwindigkeit**:

$$v_x(t) = v_0 \cdot \cos\alpha \quad (5) \qquad\Big|\qquad v_y(t) = -g \cdot t + v_0 \cdot \sin\alpha \qquad (6)$$

für die **Ortskoordinate**:

$$x(t) = v_0 \cdot \cos\alpha \cdot t \quad (7) \qquad\Big|\qquad y(t) = -\frac{1}{2}g \cdot t^2 + v_0 \cdot \sin\alpha \cdot t \quad (8)$$

5 Löst man die Gleichung (7) nach t auf und setzt in (8) ein, erhält man die Gleichung der **Bahnkurve des schiefen Wurfes**:

$$y(x) = -\frac{g}{2v_0^2 \cdot (\cos\alpha)^2} \cdot x^2 + \tan\alpha \cdot x \quad (9)$$

Der Graph ist eine nach unten offene **Parabel**.

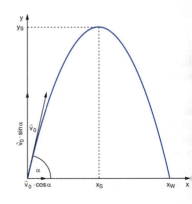

6 Den **Scheitel** der Parabel im Punkt ($x_S\,|\,y_S$) mit

$$x_S = \frac{v_0^2 \cdot \sin\alpha \cdot \cos\alpha}{g} \quad (10)$$

$$y_S = \frac{v_0^2 \cdot (\sin \alpha)^2}{2g} \qquad (11)$$

erreicht der Körper zum Zeitpunkt:

$$t_S = \frac{v_0 \cdot \sin \alpha}{g} \qquad (12)$$

Zum Zeitpunkt

$$t_F = \frac{2v_0 \cdot \sin \alpha}{g} \qquad (13)$$

befindet er sich wieder auf Höhe des Abwurfniveaus und besitzt vom Abwurfpunkt den horizontalen Abstand:

$$x_W = \frac{v_0^2}{g} \cdot \sin(2\alpha) \qquad (14)$$

x_W wird als **Wurfweite** bezeichnet. Das Maximum

$$x_{W,\,max} = \frac{v_0^2}{g} \qquad (15)$$

der Wurfweite wird bei dem Abwurfwinkel

$$\alpha = 45° \qquad (16)$$

erreicht.

Begründungen der Beziehungen (10) bis (16)

(12):

$$t_S \overset{(\rightarrow 4\,|\,4)}{=} \frac{v_{0y}}{g} \overset{(\rightarrow 6\,|\,4\,(2))}{=} \frac{v_0 \cdot \sin \alpha}{g}$$

(11):

$$y_S \overset{(\rightarrow 4\,|\,4)}{=} \frac{v_{0y}^2}{2g} \overset{(\rightarrow 6\,|\,4\,(2))}{=} \frac{v_0^2 \cdot (\sin \alpha)^2}{2g}$$

(10):

$$x_S = v_{0x} \cdot t_S \overset{(\rightarrow 6\,|\,4\,(1),\,(12))}{=} v_0 \cdot \cos \alpha \cdot \frac{v_0 \cdot \sin \alpha}{g} = \frac{v_0^2 \cdot \cos \alpha \cdot \sin \alpha}{g}$$

(13):

$$t_F = 2t_S \overset{(\rightarrow 6\,|\,4\,(12))}{=} \frac{2v_0 \cdot \sin\alpha}{g}$$

(14):

$$x_W = v_{0x} \cdot t_F \overset{(\rightarrow 6\,|\,4\,(1),(13))}{=} v_0 \cdot \cos\alpha \cdot \frac{2v_0 \cdot \sin\alpha}{g}$$

$$= \frac{2v_0^2}{g} \cdot \sin\alpha \cdot \cos\alpha = \frac{v_0^2}{g} \cdot \sin(2\alpha)$$

(15) und (16):

x_W wird maximal, wenn $\sin(2\alpha)$ maximal, also 1 wird. Dies ist (für $0° \le \alpha \le 90°$) der Fall, wenn $2\alpha = 90°$.

Elemente der Dynamik

Die **Dynamik** untersucht die Zusammenhänge zwischen den Bewegungsvorgängen und den sie verursachenden mechanischen Kräften.

7 Kraftbegriff und Newton'sche Gesetze

Als **mechanische Kraft** bezeichnet man jede Einwirkung auf einen Körper, die diesen **verformt** oder seinen **Bewegungszustand ändert**. Nimmt ein verformter Körper wieder seine ursprüngliche Form an, sobald die verformende Kraft nicht mehr wirkt, spricht man von einer **elastischen**, andernfalls von einer **plastischen** Verformung.
Eine Änderung des Bewegungszustandes liegt vor, wenn sich der Betrag oder die Richtung der Momentangeschwindigkeit ändert.

Mechanische Kräfte sind Vektorgrößen. Das **Formelzeichen** für die mechanische Kraft ist F. Ausgedrückt durch die SI-Basiseinheiten besitzt die mechanische Kraft die **Einheit** $\frac{\text{kg} \cdot \text{m}}{\text{s}^2}$. Gebräuchlicher ist die abgeleitete Einheit **Newton (Einheitenzeichen N)**:

$$1\,\text{N} = 1\,\frac{\text{kg} \cdot \text{m}}{\text{s}^2}$$

Ob an einem Körper, an dem keine Verformungen auftreten, mechanische Kräfte angreifen, lässt sich mit dem **1. Newton'schen Gesetz**, dem **Trägheitsprinzip**, feststellen:
Jeder Körper beharrt im Zustand der Ruhe oder der geradlinig gleichförmigen Bewegung, solange er nicht durch äußere Kräfte gezwungen wird, diesen Zustand zu ändern.

Wie ein Körper seinen Bewegungszustand unter dem Einfluss einer äußeren Kraft verändert, wird im **2. Newton'schen Gesetz**, das auch als **Aktionsprinzip**, **Beschleunigungsgesetz** oder **Grundgesetz der Mechanik** bezeichnet wird, beschrieben:

Wirkt auf einen Körper eine ausschließlich seinen Bewegungszustand verändernde Kraft, so wird er in Richtung der Kraft beschleunigt. Der Betrag a der Beschleunigung ist dem Betrag F der Kraft direkt und der Körpermasse m umgekehrt proportional.

Im SI-System gilt:

$$F = m \cdot a$$

5 Die Erfahrung zeigt ferner, dass Körper immer nur wechselseitig Kräfte aufeinander ausüben können. Dieser Sachverhalt wird im **3. Newton'schen Gesetz**, dem **Reaktionsprinzip** oder **Wechselwirkungsgesetz**, präzisiert:

Wirkt ein Körper A auf einen Körper B mit der Kraft $\vec{F}$, so greift der Körper B am Körper A mit der gleich großen, aber entgegengesetzt gerichteten Kraft $-\vec{F}$ an.

6 Eine **mechanische Kraft** kann bei bekannter Körpermasse m **dynamisch** mithilfe der Beziehung $F = m \cdot a$ des 2. Newton'schen Gesetzes über die von ihr verursachte Beschleunigung a **gemessen** werden. Die Definition der Krafteinheit Newton beruht auf dieser Möglichkeit. Hiernach besitzt eine Kraft den Betrag 1 Newton, wenn sie einem Körper der Masse 1 kg die Beschleunigung $1\frac{m}{s^2}$ erteilt.

Kräfte können aber auch **statisch** z. B. mithilfe des Hooke'schen Gesetzes (→ 8|5) über die Verformung geeigneter Schraubenfedern **gemessen** werden.

8 Einfache Kraftgesetze

1 Nach dem Gravitationsgesetz (→ 17|1) erfährt jeder Körper der Masse m eine zum Erdmittelpunkt gerichtete, **Gewichtskraft** genannte und mit $\vec{F}_G$ bezeichnete Kraft. Nahe der Erdoberfläche gilt für ihren Betrag:

$$F_G = m \cdot g$$

g bezeichnet dabei den Ortsfaktor (→ 4|1).

Eine senkrecht zur Unterlage wirkende Kraft bezeichnet man als **2**
Normalkraft. Für einen auf einer horizontalen Unterlage stehenden
Körper stimmen Normal- und Gewichtskraft überein.

Reibungskräfte treten bei jeder Bewegung auf und wirken stets ent- **3**
gegengesetzt zur Bewegungsrichtung.
Gleitet oder rollt ein Körper auf einer ebenen Unterlage, so entsteht
Reibung modellhaft dadurch, dass sich kleinste Bezirke seiner Unter-
seite und der Unterlage gegenseitig durch molekulare Anziehungs-
kräfte oder durch mechanische Verklammerung „verhaken" und bei
der Bewegung immer wieder auseinander gerissen oder voneinander
abgehoben werden müssen.
Die Erfahrung zeigt, dass bei **Gleit- und Rollreibung** der Betrag F_R
der Reibungskraft unabhängig von der Größe der Auflagenfläche,
aber proportional zum Betrag der Normalkraft F_N des Körpers ist:

$$F_R = \mu \cdot F_N$$

Die benennungslose Proportionalitätskonstante μ heißt **Gleit-** bzw.
Rollreibungskoeffizient und berücksichtigt die stoffliche Beschaf-
fenheit der gegeneinander reibenden Körperunterseite und der Auflagenfläche.

Die Gewichtskraft $\vec{F}_G$ eines auf einer **schiefen Ebene** vom Neigungs- **4**
winkel α stehenden Körpers lässt sich so in eine
• senkrecht zur Ebene wirkende **Normalkraft** $\vec{F}_N$ und
• parallel zur Ebene hangabwärts gerichtete **Hangabtriebskraft** $\vec{F}_H$
zerlegen, dass $\vec{F}_G = \vec{F}_H + \vec{F}_N$.
Für die Beträge dieser Kraftkompo-
nenten gilt:
a) $F_N = m \cdot g \cdot \cos \alpha$
b) $F_H = m \cdot g \cdot \sin \alpha$

Begründung: Da der Neigungswin-
kel α auch im Kräftedreieck auftritt,
gilt nach der Definition von Sinus
bzw. Cosinus:

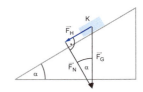

$$\cos\alpha = \frac{F_N}{F_G} \quad\Rightarrow\quad F_N = F_G \cdot \cos\alpha = m \cdot g \cdot \cos\alpha$$

$$\sin\alpha = \frac{F_H}{F_G} \quad\Rightarrow\quad F_H = F_G \cdot \sin\alpha = m \cdot g \cdot \sin\alpha$$

5 Dehnt oder presst eine Kraft vom Betrag F eine Schraubenfeder elastisch, so ist F nach dem **Hooke'schen Gesetz** gleich dem Produkt aus der Federhärte D und der Längenänderung s:

$$F = D \cdot s$$

6 Ein vollständig in einer Flüssigkeit oder einem Gas der Dichte ρ untergetauchter Körper vom Volumen V erfährt eine der Gewichtskraft entgegen gerichtete **Auftriebskraft** vom Betrag

$$F_A = \rho \cdot V \cdot g.$$

9 Anwendung der Kraftgesetze

1 Haben konstante äußere Kräfte $\vec{F}_1, \dots, \vec{F}_n$ auf einen Körper der Masse m ausschließlich beschleunigende Wirkung, so erfährt dieser nach dem 2. Newton'schen Gesetz (→ 7|4) die konstante Beschleunigung

$$\vec{a} = \frac{\vec{F}_1 + \dots + \vec{F}_n}{m} = \frac{\vec{F}_{ges}}{m}.$$

Bewegungen unter dem Einfluss der Gewichtskraft

2 Der empirische Befund, dass alle Körper, die sich nur unter dem Einfluss ihrer Gewichtskraft bewegen, eine dazu parallele Beschleunigung vom Betrag g erfahren (→ 4|1), ergibt sich theoretisch aus

$$\vec{a} \overset{(\to 9|1)}{=} \frac{\vec{F}_g}{m} = \frac{m \cdot \vec{g}}{m} = \vec{g}.$$

Die **Atwood'sche Fallmaschine** bietet die Möglichkeit, den Ablauf von senkrechten Wurfbewegungen (→ 4) verlangsamt zu untersuchen. Dazu legt man über eine leicht drehbare Rolle geringer Masse einen Faden und befestigt an dessen Enden zwei gleich große Massen M. Erst unter dem Einfluss einer kleineren Zusatzmasse m führt das System eine geradlinige Bewegung mit einer konstanten Beschleunigung vom Betrag

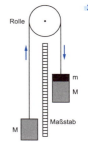

$$a = \frac{m}{2M + m} \cdot g$$

aus. Dabei ist der Beschleunigungsbetrag umso kleiner, je größer der Unterschied zwischen M und m ist.

Begründung: Auf den rechten Körper wirkt eine Gesamtkraft vom Betrag

$$F_{ges} = (M + m) \cdot g - M \cdot g = m \cdot g$$

nach unten, da er von seiner Gewichtskraft $(M + m) \cdot g$ nach unten und von der Gewichtskraft $M \cdot g$ des linken Körpers nach oben gezogen wird. Da insgesamt die Masse $M + M + m = 2M + m$ beschleunigt wird, erhält man für den Beschleunigungsbetrag a:

$$a \overset{(\to 9|1)}{=} \frac{F_{ges}}{m_{ges}} = \frac{m \cdot g}{2M + m}$$

Bewegungen unter dem Einfluss von Gleit- und Rollreibung

Wird ein Körper der Masse m von einer horizontalen Kraft $\vec{F}_Z$ längs einer waagerechten Geraden beschleunigt und treten dabei nur Gleit- oder Rollreibung auf, so erfährt er eine Beschleunigung vom Betrag

$$a = \frac{F_Z}{m} - \mu \cdot g.$$

Begründung: Auf den Körper wirkt eine Gesamtkraft vom Betrag

$$F_{ges} = F_Z - F_R \overset{(\to 8|3)}{=} F_Z - \mu \cdot F_N \overset{(\to 8|1;2)}{=} F_Z - \mu \cdot m \cdot g,$$

die ihm nach ($\rightarrow$ 9|1) folgenden Beschleunigungsbetrag verleiht:

$$a = \frac{F_{ges}}{m} = \frac{F_Z - \mu \cdot m \cdot g}{m} = \frac{F_Z}{m} - \mu \cdot g$$

5 Beispiel: Horizontal gleitender Holzklotz

a) Welche konstante Zugkraft ist erforderlich, um einen Holzklotz der Masse 100 g auf einer Horizontalen aus der Ruhe heraus in 0,5 s auf eine Geschwindigkeit von $1\,\frac{m}{s}$ zu beschleunigen, wenn der Reibungskoeffizient zwischen Klotz und Unterlage $\mu = 0,6$ beträgt?

b) Wie weit gleitet der Körper dann ohne Zugkraft auf der Unterlage?

Lösung:

a) Der Körper erfährt nach ($\rightarrow$ 3|3) die Beschleunigung

$$a = \frac{v}{t} = \frac{1\,\frac{m}{s}}{0,5\,s} = 2\,\frac{m}{s^2}$$

Löst man ($\rightarrow$ 9|4) nach F_Z auf und setzt die bekannten Werte ein, erhält man:

$$F_Z = m \cdot (a + \mu \cdot g) = 0,100\,kg \cdot \left(2\,\frac{m}{s^2} + 0,6 \cdot 9,81\,\frac{m}{s^2}\right) = 0,8\,N$$

b) Wegen $F_Z = 0$ erfährt der Körper nach ($\rightarrow$ 9|4) die Beschleunigung

$$a = -\mu \cdot g = -0,6 \cdot 9,81\,\frac{m}{s^2} = -5,9\,\frac{m}{s^2}$$

Löst man ($\rightarrow$ 3|7) nach x auf und setzt die bekannten Werte ein, erhält man:

$$v^2 - v_0^2 = 2a \cdot (x - x_0)$$

$$\Rightarrow \quad x = \frac{v^2 - v_0^2}{2a} + x_0 = \frac{(0-1)\,\frac{m^2}{s^2}}{2 \cdot \left(-5,9\,\frac{m}{s^2}\right)} + 0\,m = 0,08\,m$$

Bewegungen auf einer schiefen Ebene

6 Ein Körper der Masse m, der sich auf einer schiefen Ebene vom Neigungswinkel α unter Berücksichtigung von Gleit- oder Rollreibung (Reibungskoeffizient μ) bewegt, erfährt in Bezug auf ein hangaufwärts gerichtetes, eindimensionales Koordinatensystem.

a) die **Beschleunigung**

$$a = -g \cdot (\sin\alpha - \mu \cdot \cos\alpha),$$

wenn er **hangabwärts** gleitet.

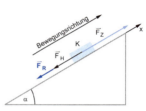

Begründung:

$$F_{ges} = -F_H + F_R$$

$$\overset{(\rightarrow 8\,|\,4a;b)}{=} -m \cdot g \cdot \sin\alpha + \mu \cdot m \cdot g \cdot \cos\alpha$$

$$\Rightarrow a \overset{(\rightarrow 9\,|\,1)}{=} \frac{F_{ges}}{m} = -g \cdot (\sin\alpha - \mu \cdot \cos\alpha)$$

b) die **Beschleunigung**

$$a = -g \cdot (\sin\alpha + \mu \cdot \cos\alpha) + \frac{F_Z}{m},$$

wenn er unter der Wirkung einer **hangaufwärts** gerichteten Zugkraft $\vec{F}_Z$ **hangaufwärts** gleitet.

Begründung:

$$F_{ges} = -F_H - F_R + F_Z$$

$$\overset{(\rightarrow 8\,|\,4a;b)}{=} -m \cdot g \cdot \sin\alpha - \mu \cdot m \cdot g \cdot \cos\alpha + F_Z$$

$$\Rightarrow a \overset{(\rightarrow 9\,|\,1)}{=} \frac{F_{ges}}{m} = -g \cdot (\sin\alpha + \mu \cdot \cos\alpha) + \frac{F_Z}{m}$$

c) die **Beschleunigung**

$$a = -g \cdot (\sin\alpha - \mu \cdot \cos\alpha) + \frac{F_Z}{m},$$

wenn er unter der Wirkung einer **hangaufwärts** gerichteten Zugkraft $\vec{F}_Z$ **hangabwärts** gleitet.

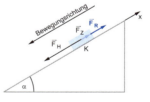

Begründung:

$$F_{ges} = -F_H + F_R + F_Z$$

$$\overset{(\rightarrow 8\,|\,4a;b)}{=} -m \cdot g \cdot \sin\alpha + \mu \cdot m \cdot g \cdot \cos\alpha + F_Z$$

$$\Rightarrow a \overset{(\rightarrow 9\,|\,1)}{=} \frac{F_{ges}}{m} = -g \cdot (\sin\alpha - \mu \cdot \cos\alpha) + \frac{F_Z}{m}$$

d) die **Beschleunigung**

$$a = -g \cdot (\sin \alpha - \mu \cdot \cos \alpha) - \frac{F_Z}{m},$$

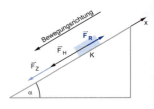

wenn er unter der Wirkung einer
hangabwärts gerichteten Zugkraft
$\vec{F}_Z$ **hangabwärts** gleitet.

Begründung:

$$F_{ges} = -F_H + F_R - F_Z$$

$$\overset{(\to 8\,|\,4\,a;b)}{=} -m \cdot g \cdot \sin \alpha + \mu \cdot m \cdot g \cdot \cos \alpha - F_Z$$

$$\Rightarrow \quad a \overset{(\to 9\,|\,1)}{=} \frac{F_{ges}}{m} = -g \cdot (\sin \alpha - \mu \cdot \cos \alpha) - \frac{F_Z}{m}$$

Die Beschleunigungen für den reibungsfreien Fall erhält man, indem
man in den Beziehungen (→ 9 | 6a–d) $\mu = 0$ setzt.

7 Beispiel: Skiabfahrt

Ein Skifahrer der Masse m = 50 kg fährt mit einer Geschwindigkeit
von 10 $\frac{m}{s}$ in einen Hang vom Neigungswinkel $\alpha = 30°$ ein und gleitet dort weiter hangabwärts. Welche Geschwindigkeit besitzt er unter
Berücksichtigung der Reibung ($\mu = 0{,}20$) nach Zurücklegen einer
Strecke von 50 m?

Lösung:

Nach (→ 9 | 6a) erfährt der Skifahrer auf dem Hang die konstante
hangabwärts gerichtete Beschleunigung

$$a = -g \cdot (\sin \alpha - \mu \cdot \cos \alpha)$$

$$= -9{,}81 \, \frac{m}{s^2} \cdot (\sin 30° - 0{,}20 \cdot \cos 30°) = -3{,}2 \, \frac{m}{s^2}$$

Löst man die Beziehung $v^2 - v_0^2 = 2 \cdot a \cdot (x - x_0)$ nach v auf (→ 3 | 7)
und setzt für $a = -3{,}2 \, \frac{m}{s}$ und für $x - x_0 = -50$ m ein, so erhält man
$v \approx 20{,}5 \, \frac{m}{s}$.

Erhaltungssätze

10 Arbeit und Leistung

Arbeit wird immer dann verrichtet, wenn ein Körper unter dem Einfluss einer äußeren Kraft längs eines Weges verschoben wird. Das Formelzeichen für die **physikalische Arbeit** ist W, ihre **Einheit** ist das **Joule (Einheitenzeichen J)**. Ausgedrückt durch die SI-Basiseinheiten gilt:

$$1\,J = 1\,\frac{kg \cdot m^2}{s^2}$$

Die Erfahrung zeigt, dass eine **konstante Kraft**, die mit der Wegrichtung den Winkel α einschließt, die Arbeit

$$W = F \cdot s \cdot \cos\alpha$$

verrichtet.

Speziell verrichtet eine konstante Kraft vom Betrag F, die a) nur parallel bzw. b) nur senkrecht zur Wegrichtung wirkt, die Arbeit
a) $W = F \cdot s$ bzw.
b) $W = 0$.

Begründung: Die Aussage ergibt sich aus ($\rightarrow$ 10|2), wenn man dort $\alpha = 0°$ bzw. $\alpha = 90°$ setzt.

Ist die **Kraft** längs des Weges **nicht konstant** oder der **Weg krumm**, unterteilt man den Weg in n gleich lange Abschnitte, deren Längen Δx so kurz sind, dass die Kraft darauf näherungsweise als konstant und das Wegstück als gerade angesehen werden können.
Nach ($\rightarrow$ 10|2) wird dann auf dem i-ten Wegstück die Teilarbeit $\Delta W_i = F_i \cdot \Delta x \cdot \cos\alpha_i$ verrichtet. Die Summe dieser Teilarbeiten stimmt umso besser mit der Gesamtarbeit W_{ges} überein, je kleiner Δx ist:

$$W_{ges} \approx \sum_{i=1}^{n} \Delta W_i = \sum_{i=1}^{n} F_i \cdot \cos\alpha_i \cdot \Delta x$$

5 Lässt sich die Komponente der Kraft in Richtung des Wegs als Funktion des Weges x darstellen, $F(x) = F_i \cdot \cos \alpha_i$, so entspricht die **Fläche im Weg-Kraft-Diagramm**, die vom Graphen der Funktion $F(x)$, der x-Achse und den Geraden $x = a$ und $x = b$ begrenzt wird, der **Arbeit** $W(a \to b)$, die bei der Verschiebung des Körpers von $x = a$ nach $x = b$ verrichtet wird. Insbesondere gilt:

$$W(a \to b) = \int_a^b F(x)\,dx$$

Begründung: Jede Teilarbeit entspricht nach (→ 10|3) dem Flächeninhalt eines Rechtecks mit den Seitenlängen $F(x)$ und Δx. Die Summe aller Rechtecksflächen stimmt umso besser mit der Fläche im Weg-Kraft-Diagramm – begrenzt vom Graphen der Funktion $F(x)$, der x-Achse und den

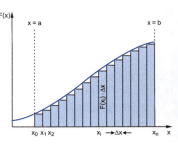

Geraden $x = a$ und $x = b$ – überein, je kleiner Δx ist. Durch den Grenzübergang $\Delta x \to 0$ erhält man schließlich das Integral über $F(x)$ längs des Wegintervalls [a; b].

6 In der Schulphysik begegnet man folgenden **Sonderformen der mechanischen Arbeit**: Der Beschleunigungsarbeit, der Hubarbeit, der Verformungsarbeit und der Reibungsarbeit.

7 Unter der **Beschleunigungsarbeit W_{Beschl}** versteht man die Arbeit, die eine äußere, ausschließlich für die Überwindung der Massenträgheit erforderliche Kraft bei der Beschleunigung eines Körpers verrichtet. Die Erfahrung zeigt, dass W_{Beschl} immer unabhängig vom Beschleunigungsweg ist und nur von der Masse m des beschleunigten Körpers und von seiner Anfangs- bzw. Endgeschwindigkeit, v_0 bzw. v, abhängt. Es gilt:

$$W_{Beschl} = \frac{1}{2} m \cdot v^2 - \frac{1}{2} m \cdot v_0^2$$

Begründung: Die Beziehung gilt allgemein, lässt sich mit Mitteln der Schulmathematik aber nur für konstante Kräfte und gerade Beschleunigungswege zeigen, wenn Kraft- und Wegrichtung zueinander parallel sind. Dann gilt:

$$\left.\begin{array}{l} W_{Beschl} \overset{(\rightarrow 10|3a)}{=} F_{Beschl} \cdot s \overset{(\rightarrow 7|4)}{=} m \cdot a \cdot (x - x_0) \\[2mm] v^2 - v_0^2 \overset{(\rightarrow 3|7)}{=} 2a \cdot (x - x_0) \Rightarrow a \cdot (x - x_0) = \dfrac{v^2 - v_0^2}{2} \end{array}\right\} \Rightarrow$$

$$\Rightarrow W_{Beschl} = m \cdot \frac{v^2 - v_0^2}{2} = \frac{1}{2} m \cdot v^2 - \frac{1}{2} m \cdot v_0^2$$

Unter der **Hubarbeit W_{Hub}** versteht man die Arbeit, die eine äußere, **8** ausschließlich für die Überwindung der Erdanziehung erforderliche Kraft beim Heben eines Körpers verrichtet. Die Erfahrung zeigt, dass W_{Hub} immer unabhängig vom Transportweg ist und nahe der Erdoberfläche nur von der Körpermasse m, der Höhendifferenz h zwischen Ausgangs- und Zielort und dem Ortsfaktor g abhängt. Es gilt:

$W_{Hub} = m \cdot g \cdot h$

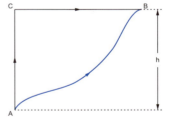

Begründung: Wegen der Wegunabhängigkeit der Hubarbeit, die sich mit Mitteln der Schulmathematik allgemeingültig nicht zeigen lässt, wird beim Heben eines Körpers der Masse m längs eines beliebigen Weges von A nach B die gleiche Arbeit verrichtet, wie beim Heben von A nach C und beim anschließenden Verschieben von C nach B. Nach ($\rightarrow 10|3a$) bzw. ($\rightarrow 10|3b$) ist

$$W_{Hub}(A \rightarrow C) = F_{Gewicht} \cdot \overline{AC} = m \cdot g \cdot h \quad \text{bzw.}$$
$$W_{Hub}(C \rightarrow B) = 0$$

Hieraus folgt:

$$W_{Hub}(A \rightarrow B) = W_{Hub}(A \rightarrow C) + W_{Hub}(C \rightarrow B) = m \cdot g \cdot h$$

9 Unter der **Verformungsarbeit W_{elast}** versteht man die Arbeit, die eine äußere, ausschließlich die Verformung eines Körpers bewirkende Kraft verrichtet.

Speziell für die innerhalb der Elastizitätsgrenzen liegende Deformation einer Schraubenfeder der Härte D durch Zug oder Druck von der Auslenkung x_1 bis zur Auslenkung x_2 gilt:

$$W_{elast} = \frac{1}{2}D \cdot x_2^2 - \frac{1}{2}D \cdot x_1^2$$

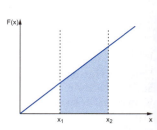

Begründung: Wird eine Feder der Härte D durch eine Zug- oder Druckkraft vom Betrag F um die Länge x deformiert, gilt im elastischen Bereich das Hooke'sche Kraftgesetz $F = D \cdot x$ ($\rightarrow 8|5$).
Nach ($\rightarrow 10|5$) entspricht die Verformungsarbeit der Fläche im Weg-Kraft-Diagramm, die vom Graphen der Funktion F(x), einer Ursprungsgerade mit der Steigung D, der x-Achse und den Geraden $x = x_1$ und $x = x_2$ begrenzt wird.

Unter der Verwendung der Trapezflächenformel erhält man so:

$$W_{elast} = \frac{F(x_1) + F(x_2)}{2} \cdot (x_2 - x_1)$$

Einsetzen von $F(x_1) = D \cdot x_1$ und $F(x_2) = D \cdot x_2$ führt auf:

$$W_{elast} = \frac{D \cdot x_1 + D \cdot x_2}{2} \cdot (x_2 - x_1) = \frac{1}{2}D \cdot x_2^2 - \frac{1}{2}D \cdot x_1^2$$

10 Unter der **Reibungsarbeit W_R** versteht man die Arbeit, die bei der Bewegung eines Körpers gegen die Reibungskräfte zu verrichten ist.

a) Speziell bei der Bewegung eines Körper der Masse m längs einer hangab- oder hangaufwärts gerichteten Strecke der Länge s auf einer **schiefen Ebene** vom Neigungswinkel α, bei der nur **Gleit- oder Rollreibung** auftritt, wird die Reibungsarbeit

$$W_R = \mu \cdot m \cdot g \cdot \cos \alpha \cdot s$$

verrichtet.

b) Bewegt sich ein Körper unter sonst unveränderten Voraussetzungen auf einer horizontalen Strecke der Länge s, so wird die Reibungsarbeit

$$W_R = \mu \cdot m \cdot g \cdot s$$

verrichtet.

Begründung: Da die Reibungskräfte parallel zum Weg wirken, ergibt sich die Beziehung (→ 10|10a) durch Einsetzen des Reibungsgesetzes (→ 8|3) in (→ 8|4a) und Anwendung von (→ 10|3a).
Die Beziehung (→ 10|10b) folgt für $\alpha = 0$ aus (→ 10|10a).

Da es oft nicht nur von Interesse ist, wie groß eine verrichtete Arbeit **11**
ist, sondern auch wie schnell sie verrichtet wurde, führt man eine neue physikalische Größe, die **Leistung**, ein.

a) Wird an einem Körper von einer Kraft F in gleichen Zeiten die gleiche Arbeit W verrichtet, so bezeichnet man den Quotienten aus Arbeit und Zeit als **mechanische Leistung P**:

$$P = \frac{W}{t}$$

b) Ist W(t) keine konstante Funktion der Zeit, wird die **Momentanleistung $P(t_0)$** zu einem bestimmten Zeitpunkt t_0 durch den Grenzwert

$$P(t_0) = \lim_{t \to t_0} \frac{W(t) - W(t_0)}{t - t_0}$$

definiert.

Ausgedrückt durch die SI-Basiseinheiten besitzt die mechanische **12**
Leistung die Einheit $\frac{kg \cdot m^2}{s^3}$.
Gebräuchlicher sind die **abgeleiteten Einheiten** $\frac{J}{s}$ und **Watt (Einheitenzeichen W)**.

Begründung:

$$1 \frac{J}{s} \overset{(\to 10|1)}{=} 1 \frac{kg \cdot \frac{m^2}{s^2}}{s} = 1 \frac{kg \cdot m^2}{s^3}$$

13 Verschiebt sich der Angriffspunkt einer konstanten, Arbeit verrichtenden Kraft vom Betrag F in Richtung der Kraft mit dem konstanten Geschwindigkeitsbetrag v, so beträgt die erbrachte Leistung:

$$P = F \cdot v$$

Begründung:

$$P \overset{(\rightarrow 10|11)}{=} \frac{W}{t} \overset{(\rightarrow 10|3a)}{=} \frac{F \cdot s}{t} = F \cdot \frac{s}{t} \overset{(\rightarrow 2|2)}{=} F \cdot v$$

14 **Beispiel:** Lastkran
Zieht ein Kran eine Last der Masse m = 100 kg mit dem konstanten Geschwindigkeitsbetrag v = 2,0 $\frac{m}{s}$ senkrecht nach oben, so erbringt er die Leistung:

$$P = F_G \cdot v = m \cdot g \cdot v = 100 \text{ kg} \cdot 9,81 \frac{m}{s^2} \cdot 2,0 \frac{m}{s} = 1\,962 \text{ W}$$

11 Mechanische Energie und Energieerhaltung

1 Unter der **Energie** E eines physikalischen Systems versteht man die im System gespeicherte **Arbeitsfähigkeit**. E ist eine skalare Zustandsgröße. Verrichtet man an einem System Arbeit, so erhöht sich seine Energie, verrichtet das System Arbeit, so erniedrigt sich seine Energie. Die Änderung ΔE der Energie ist dabei gleich der Arbeit W, die am (W wird positiv gezählt) oder vom (W wird negativ gezählt) System verrichtet wird:

$$\Delta E = W$$

2 Die Energie besitzt ebenso wie die Arbeit die **Einheit Joule**.

$$[E] = 1 \text{ J} = 1 \frac{\text{kg} \cdot \text{m}^2}{\text{s}^2}$$

3 Entsprechend den **Sonderformen** der mechanischen Arbeit ($\rightarrow 10|6$) unterscheidet man auch besondere Formen, in denen **mechanische Energie** auftreten kann. Man erkennt diese aus den durch die jeweilige mechanische Arbeit bedingten Zustandsänderungen des Systems.

a) Energie, die durch **Beschleunigungsarbeit** vermittelt wird, bezeichnet man als **kinetische Energie**. Die durch die jeweilige Arbeit hervorgerufene Zustandsänderung äußert sich in einer Änderung der Körpergeschwindigkeit. Ein Körper der Masse m, der sich relativ zu einem Bezugssystem mit einer Geschwindigkeit vom Betrag v bewegt, besitzt in diesem System die kinetische Energie

$$E_{kin} = \frac{1}{2}m \cdot v^2$$

Begründung: Das Beschleunigen eines Körpers der Masse m aus der Ruhe heraus auf eine Geschwindigkeit vom Betrag v erfordert nach (→ 10|7) die Beschleunigungsarbeit $W_{Beschl} = \frac{1}{2}m \cdot v^2$.

b) Energie, die durch **Hubarbeit** vermittelt wird, bezeichnet man als **potenzielle Energie**. Die durch die jeweilige Arbeit hervorgerufene Zustandsänderung äußert sich in einer Änderung der Körperlage. Ein Körper der Masse m besitzt in der Höhe h über einem Bezugsniveau die potenzielle Energie

$$E_{pot} = m \cdot g \cdot h$$

Begründung: Einen Körper der Masse m um die Höhe h anzuheben, erfordert nach (→ 10|8) die Hubarbeit $W_{Hub} = m \cdot g \cdot h$.

c) Energie, die durch **Deformationsarbeit** vermittelt wird, bezeichnet man als **Deformationsenergie**. Die durch die jeweilige Arbeit hervorgerufene Zustandsänderung äußert sich mikroskopisch in einer Verschiebung von Atomen oder Molekülen aus ihrer Ruhelage bzw. makroskopisch in einer Deformation des Körpers. Speziell gilt für die Deformationsenergie einer Feder der Härte D, deren Länge um die Strecke s verändert worden ist:

$$E_{elast} = \frac{1}{2}D \cdot s^2$$

Begründung: Die Länge einer nicht deformierten Feder der Härte D um die Strecke s zu verändern, erfordert nach (→ 10|9) die Verformungsarbeit $W_{elast} = \frac{1}{2}D \cdot s^2$.

5 Die Erfahrung zeigt, dass bei allen reibungsfrei ablaufenden mechanischen Vorgängen in einem energetisch abgeschlossenen System die **Summe der** in (→ 11|4) genannten **mechanischen Energien konstant bleibt**:

$$E_{kin} + E_{pot} + E_{elast} = konstant$$

Energie geht weder verloren noch entsteht sie neu. Sie wandelt sich lediglich von einer in eine andere Energieform um. Dieser Sachverhalt heißt **Energieerhaltungssatz der Mechanik** und ist einer der wichtigsten und am genauesten experimentell gesicherten Sätze der Physik.

6 Wird in einem mechanischen System auch noch Reibungsarbeit verrichtet, wandelt sich ein Teil der mechanischen Energie in eine Energieform, z. B. Wärmenergie um, aus der sie nicht in mechanische Energie zurückverwandelt werden kann, sondern an die Umgebung abgegeben wird.

7 **Beispiel zum Energieerhaltungssatz:** Flipperkugel

Eine Flipperkugel K der Masse m = 1,00 kg berührt das Ende einer um s = 40,0 cm zusammengedrückten Feder der Härte D = 5,63·10³ $\frac{N}{m}$. Beim Entspannen überträgt die Feder die in ihr gespeicherte Energie vollständig auf K, die einen Geradenabschnitt

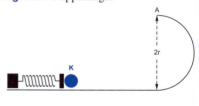

und eine halbkreisförmige Rinne vom Radius r = 75,0 cm durchläuft.

a) Berechnen Sie den Geschwindigkeitsbetrag v der Kugel im Punkt A unter der idealisierten Annahme, dass keine Reibung auftritt.

b) Welcher Energiebetrag wird dem System durch Reibung entzogen, wenn die Kugel in A nur die Geschwindigkeit v' = 25,0 $\frac{m}{s}$ hat?

Lösung:

a) Der Lösungsansatz ergibt sich aus der Vorstellung, dass sich die in der gespannten Feder gespeicherte Gesamtenergie des Systems $E_{ges} = \frac{1}{2} D \cdot s^2$ bei Erreichen des Punktes A nach dem Energieerhaltungssatz in kinetische Energie $E_{kin} = \frac{1}{2} m \cdot v^2$ und potenzielle Energie $E_{pot} = m \cdot g \cdot 2r$ im Punkt A umgewandelt hat:

$$\frac{1}{2} \cdot D \cdot s^2 = \frac{1}{2} \cdot m \cdot v^2 + m \cdot g \cdot 2 \cdot r$$

Auflösen dieser Gleichung nach v führt auf:

$$v = \sqrt{\frac{D}{m} \cdot s^2 - 4 \cdot g \cdot r}$$

Durch Einsetzen der gegebenen Zahlenwerte erhält man:

$$v = \sqrt{\frac{5,63 \cdot 10^3 \, \frac{N}{m}}{1,00 \, kg} \cdot (0,400 \, m)^2 - 4 \cdot 9,81 \, \frac{m}{s^2} \cdot 0,750 \, m} = 29,5 \, \frac{m}{s}$$

b) Die entzogene Reibungsenergie ist gleich der Differenz der kinetischen Energien mit und ohne Reibung:

$$\Delta E = \frac{1}{2} \cdot m \cdot v^2 - \frac{1}{2} \cdot m \cdot v'^2 = \frac{1}{2} \cdot m \cdot (v^2 - v'^2)$$

$$= \frac{1}{2} \cdot 1,00 \, kg \cdot \left[\left(29,5 \, \frac{m}{s} \right)^2 - \left(25,0 \, \frac{m}{s} \right)^2 \right] \approx 123 \, J$$

12 Impuls und Impulserhaltung

Viele Bewegungen des täglichen Lebens verlaufen stoß- oder ruckartig. Die dabei auftretenden Kräfte ändern sich in kürzester Zeit in komplizierter Weise und lassen sich nur schwer erfassen. Diesen Schwierigkeiten begegnet man durch Einführung der mechanischen Größe **Impuls**. **1**

Unter dem **Impuls** $\vec{p}$ **eines Massenpunkts** der Masse m und der Geschwindigkeit $\vec{v}$ versteht man den Vektor **2**

$\vec{p} = m \cdot \vec{v}$.

Der **Impuls** besitzt ausgedrückt in den SI-Basiseinheiten die **Einheit** **3** $\frac{kg \cdot m}{s}$. Häufiger verwendet man die zusammengesetzte Einheit **N · s**.

4 Bereits Newton entdeckte, dass die zeitliche Änderung des Impulses gleich der Kraft ist, die den Bewegungszustand ändert:

$$\vec{F} = \dot{\vec{p}}$$

Für die Vektorkomponenten gilt also:

$$F_x = \dot{p}_x; \quad F_y = \dot{p}_y; \quad F_z = \dot{p}_z$$

5 In integraler Form lautet die Beziehung ($\rightarrow 12|4$) für eine beliebige Komponente:

$$\int_{t_1}^{t_2} F(t)\, dt = [p(t)]_{t_1}^{t_2} = p(t_2) - p(t_1)$$

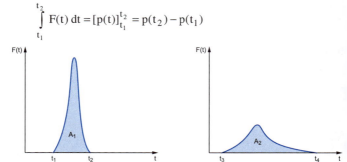

Zwei Kräfte mit unterschiedlichem zeitlichen Verlauf in den Zeitintervallen $[t_1; t_2]$ bzw. $[t_3; t_4]$ bewirken die gleiche Impulsänderung, wenn die von den Funktionsgraphen F(t) und der t-Achse begrenzten Flächen gleichen Inhalt haben ($A_1 = A_2$).

6 Das bestimmte Integral

$$\int_{t_1}^{t_2} F(t)\, dt$$

wird als **Kraftstoß** der Kraft F im Zeitintervall $[t_1; t_2]$ bezeichnet.

7 Der Impuls eines Massenpunkts ist nach Betrag und Richtung ein Maß für die Stärke des (Kraft-)Stoßes, durch den er momentan in die Ruhelage abgebremst oder daraus in seinen jetzigen Bewegungszustand versetzt werden kann.

Die **Impulsänderung** eines Körpers kann dadurch erfolgen, dass er 8
bei
a) konstanter Masse seine Geschwindigkeit ändert:

$$\Delta p = \Delta(m \cdot v) = m \cdot \Delta v$$

b) konstanter Geschwindigkeit seine Masse ändert:

$$\Delta p = \Delta(m \cdot v) = \Delta m \cdot v$$

Der **Raketenantrieb** beruht auf der Impulsänderung durch Massen- 9
änderung:
Strömen aus einer Rakete in der Zeit Δt Gase der Masse Δm mit der
relativ zum Raketenkörper konstanten Geschwindigkeit v_r aus, so
erfährt sie die Schubkraft

$$F = v_r \cdot \frac{\Delta m}{\Delta t}.$$

Begründung:

$$F = \dot{p} \approx \frac{\Delta p}{\Delta t} \overset{(\to 12\,|\,8b)}{=} \frac{\Delta m \cdot v_r}{\Delta t} = v_r \cdot \frac{\Delta m}{\Delta t}$$

In einem System von Massenpunkten können Impulse ausgetauscht 10
werden. Treten dabei nur innere Kräfte auf, bleibt die Vektorsumme
der Impulse der Massenpunkte zeitlich konstant.
Dieser Sachverhalt heißt **Impulserhaltungssatz der Mechanik** und
ist wie der Energieerhaltungssatz einer der wichtigsten und am genauesten experimentell gesicherten Sätze der Physik.

Begründung: Für jedes Paar von Massenpunkten ist nach dem
3. Newton'schen Gesetz ($\to 7\,|\,5$) die Vektorsumme der von den
Massenpunkten aufeinander ausgeübten Kräfte zu jedem Zeitpunkt
null. Daher ist auch die Vektorsumme aller inneren Kräfte zu jedem
Zeitpunkt null und es folgt:

$$\vec{0} = \sum \vec{F}_i \overset{(\to 12\,|\,4)}{=} \sum \dot{\vec{p}}_i = \dot{\vec{p}}_{ges}$$

$$\Rightarrow \quad \vec{p}_{ges} = \overline{konst.}$$

11 **Beispiel zum Impulserhaltungssatz:** Rückstoß eines Geschosses
Wie groß ist die anfängliche Rückstoßgeschwindigkeit V eines sogenannten Eisenbahngeschützes der Masse M = 74 t, das ein Geschoss der Masse m = 43 kg mit der Anfangsgeschwindigkeit $v = 805 \frac{m}{s}$ horizontal abfeuert?

Lösung:
Das System besteht aus zwei Körpern, dem Geschütz und dem Geschoss. Da beide vor dem Schuss in Ruhe sind, ist der Gesamtimpuls des Systems null. Da zwischen Geschoss und Kanone nur innere Kräfte wirken, ist der Impuls nach dem Schuss gemäß dem Impulserhaltungssatz ebenfalls null. Es gilt also:

$$M \cdot V + m \cdot v = 0$$

$$\Rightarrow \quad V = -\frac{m}{M} \cdot v = -\frac{43\,kg}{74\,000\,kg} \cdot 805\,\frac{m}{s} = -0,47\,\frac{m}{s}$$

12 Zwischen der **kinetischen Energie** E_{kin} und dem **Impulsbetrag** p eines Massenpunkts der Masse m besteht der Zusammenhang:

$$E_{kin} = \frac{p^2}{2m}$$

Begründung: $E_{kin} \overset{(\to 11|4)}{=} \frac{1}{2} m \cdot v^2 = \frac{m^2 \cdot v^2}{2m} = \frac{(m \cdot v)^2}{2m} = \frac{p^2}{2m}$

13 Gerade zentrale Stöße

1 Unter einem **Stoß** versteht man einen zeitlich kurzen Zusammenprall zweier relativ gegeneinander bewegter Körper.
In der Schulphysik beschränkt man sich wegen des sonst relativ großen mathematischen Aufwands bei der Stoßanalyse auf **gerade zentrale Stöße**, bei denen sich die Stoßpartner vor und nach dem Stoß auf ein und derselben horizontalen Geraden durch ihre Schwerpunkte bewegen.

Auch bei geraden zentralen Stößen sind die Abläufe im Einzelnen **2** äußerst kompliziert. Für die idealisierten Fälle des vollkommen elastischen bzw. unelastischen Stoßes lässt sich aber das Verhalten der Stoßpartner mithilfe der Erhaltungssätze (→ 12) in denjenigen Bewegungsphasen beschreiben, in denen keine Kräfte zwischen ihnen wirken.

Vollkommen elastischer Stoß

Ist die **Summe der kinetischen Energien der Stoßpartner vor und** **3** **nach dem Stoß gleich**, spricht man von einem **vollkommen elastischen Stoß**, weil alle stoßbedingten Verformungen wieder vollständig zurückgegangen sind und mechanische Energie nicht dauerhaft in Deformations- oder Reibungsenergie umgewandelt worden ist.

Für einen **geraden, zentralen, vollkommen elastischen Stoß gelten** **4** **Impuls und Energieerhaltungssatz**.
Bezeichnen m_1, m_2 die Massen der Stoßpartner, v_1, v_2 bzw. u_1, u_2 ihre orientierten Geschwindigkeiten vor bzw. nach dem Stoß, so gilt nach dem Energieerhaltungssatz:

$$\frac{1}{2}m_1 \cdot v_1^2 + \frac{1}{2}m_2 \cdot v_2^2 = \frac{1}{2}m_1 \cdot u_1^2 + \frac{1}{2}m_2 \cdot u_2^2$$

nach dem Impulserhaltungssatz:

$$m_1 \cdot v_1 + m_2 \cdot v_2 = m_1 \cdot u_1 + m_2 \cdot u_2$$

Aus diesem Gleichungssystem erhält man **5** aus den orientierten Geschwindigkeiten der Stoßpartner vor dem Stoß ihre orientierten **Geschwindigkeiten nach dem Stoß**:

a) $u_1 = \dfrac{m_1 \cdot v_1 - m_2 \cdot (v_1 - 2v_2)}{m_1 + m_2}$

b) $u_2 = \dfrac{m_2 \cdot v_2 + m_1 \cdot (2v_1 - v_2)}{m_1 + m_2}$

bzw. aus den orientierten Geschwindigkeiten der Stoßpartner nach dem Stoß ihre orientierten **Geschwindigkeiten vor dem Stoß**:

c) $v_1 = \dfrac{m_1 \cdot u_1 - m_2 \cdot (u_1 - 2u_2)}{m_1 + m_2}$

d) $v_2 = \dfrac{m_2 \cdot u_2 + m_1 \cdot (2u_1 - u_2)}{m_1 + m_2}$

6 Für den Sonderfall **gleicher Massen** der Stoßpartner **tauschen** diese ihre orientierten **Geschwindigkeiten**, es gilt $u_1 = v_2$ und $u_2 = v_1$. Insbesondere tauschen die Stoßpartner daher auch ihre Impulse und kinetischen Energien.

Begründung: Für $m_1 = m_2 =: m$ folgt mit ($\rightarrow 13\,|\,5a$)

$$u_1 = \frac{m \cdot v_1 - m \cdot (v_1 - 2v_2)}{m + m} = \frac{m \cdot v_1 - m \cdot v_1 + 2m \cdot v_2}{2m} = v_2$$

und mit ($\rightarrow 13\,|\,5b$):

$$u_2 = \frac{m \cdot v_2 + m \cdot (2v_1 - v_2)}{m + m} = \frac{m \cdot v_2 + 2m \cdot v_1 - m \cdot v_2}{2m} = v_1$$

7 Stößt ein **Körper gegen** einen **ruhenden Körper mit wesentlich größerer Masse**, bleibt der gestoßene Körper in Ruhe und der stoßende erhält eine Geschwindigkeit gleichen Betrags aber in die entgegengesetzte Richtung.

Begründung: Für $m_1 \ll m_2$ folgt mit ($\rightarrow 13\,|\,5a$)

$$u_1 = \frac{m_1 \cdot v_1 - m_2 \cdot (v_1 - 2v_2)}{m_1 + m_2}$$

$$= \frac{\frac{m_1}{m_2} \cdot v_1 - (v_1 - 2v_2)}{\frac{m_1}{m_2} + 1}$$

$$\overset{v_2 = 0}{=} \frac{\frac{m_1}{m_2} \cdot v_1 - v_1}{\frac{m_1}{m_2} + 1} \overset{\frac{m_1}{m_2} \approx 0}{=} -v_1$$

und mit ($\rightarrow$ 13|5b):

$$u_2 = \frac{m_2 \cdot v_2 + m_1 \cdot (2v_1 - v_2)}{m_1 + m_2} = \frac{v_2 + \frac{m_1}{m_2} \cdot (2v_1 - v_2)}{\frac{m_1}{m_2} + 1}$$

$$\overset{v_2 = 0}{=} \frac{\frac{m_1}{m_2} \cdot 2v_1}{\frac{m_1}{m_2} + 1} \overset{\frac{m_1}{m_2} \approx 0}{=} 0$$

Vollkommen unelastischer Stoß

Ein **vollkommen unelastischer Stoß** liegt vor, wenn sich die beiden **8** **Stoßpartner nach dem Stoß** mangels elastischer Kräfte nicht mehr trennen und quasi **als ein Körper** mit einer gemeinsamen orientierten Geschwindigkeit fortbestehen. Da kinetische Energie durch plastische Verformung verloren gegangen ist, ist die Summe der kinetischen Energien der Stoßpartner vor dem Stoß größer als danach.

Für einen **geraden, zentralen, vollkommen unelastischen Stoß** gilt **9** **nur** noch der **Impulserhaltungssatz**.
Bezeichnen m_1, m_2 die Massen der Stoßpartner, v_1, v_2 ihre orientierten Geschwindigkeiten vor dem Stoß und u die gemeinsame Geschwindigkeit nach dem Stoß, so lautet der Impulserhaltungssatz:

$$m_1 \cdot v_1 + m_2 \cdot v_2 = (m_1 + m_2) \cdot u$$

Aufgelöst nach u folgt für die **gemeinsame Geschwindigkeit nach** **10** **dem Stoß**:

$$u = \frac{m_1 \cdot v_1 + m_2 \cdot v_2}{m_1 + m_2}$$

Stoßen zwei Körper gleicher Masse mit entgegengesetzten aber be- **11** tragsgleichen Geschwindigkeiten zentral und vollkommen unelastisch, so ruhen sie nach dem Stoß.

Begründung: Für $m_1 = m_2 =: m$ und $v_1 = -v_2$ lautet ($\rightarrow$ 13|10):

$$u = \frac{m \cdot (-v_2) + m \cdot v_2}{m + m} = 0$$

12 Stoßen zwei Körper gleicher Masse zentral und vollkommen unelastisch, so ist ihre gemeinsame orientierte Geschwindigkeit nach dem Stoß gleich der Hälfte der Summe ihrer orientierten Geschwindigkeiten vor dem Stoß.

Begründung: Für $m_1 = m_2 =: m$ lautet ($\rightarrow$ 13|10):

$$u = \frac{m \cdot v_1 + m \cdot v_2}{m + m} = \frac{v_1 + v_2}{2}$$

13 Beim **vollkommen unelastischen Stoß** zweier Körper der Massen m_1, m_2 mit den orientierten Geschwindigkeiten v_1, v_2 **verringert** sich die **kinetische Gesamtenergie** des Systems um den Betrag

$$\Delta E = \frac{m_1 \cdot m_2}{2(m_1 + m_2)} \cdot (v_1 - v_2)^2.$$

Begründung:

$$\Delta E = E_{kin,\,vorher} - E_{kin,\,nachher}$$

$$= \frac{1}{2} m_1 \cdot v_1^2 + \frac{1}{2} m_2 \cdot v_2^2 - \frac{1}{2}(m_1 + m_2) \cdot u^2$$

$$\overset{(\rightarrow 13|10)}{=} \frac{1}{2}\left(m_1 \cdot v_1^2 + m_2 \cdot v_2^2 - (m_1 + m_2) \cdot \left(\frac{m_1 \cdot v_1 + m_2 \cdot v_2}{m_1 + m_2} \right)^2 \right)$$

$$= \frac{1}{2}\left(m_1 \cdot v_1^2 + m_2 \cdot v_2^2 - \right.$$
$$\left. - \frac{(m_1 \cdot v_1)^2 + 2 m_1 \cdot v_1 \cdot m_2 \cdot v_2 + (m_2 \cdot v_2)^2}{m_1 + m_2} \right)$$

$$= \frac{1}{2(m_1 + m_2)} \cdot \left((m_1 \cdot v_1^2 + m_2 \cdot v_2^2) \cdot (m_1 + m_2) - (m_1 \cdot v_1)^2 - \right.$$
$$\left. - 2 m_1 \cdot v_1 \cdot m_2 \cdot v_2 - (m_2 \cdot v_2)^2 \right)$$

$$= \frac{1}{2(m_1 + m_2)} \cdot (m_1 \cdot m_2 \cdot v_1^2 + m_1 \cdot m_2 \cdot v_2^2 - 2 m_1 \cdot v_1 \cdot m_2 \cdot v_2)$$

$$= \frac{m_1 \cdot m_2}{2(m_1 + m_2)} \cdot (v_1 - v_2)^2$$

Kreisbewegung

14 Kinematik der gleichförmigen Kreisbewegung

Führt ein Massenpunkt eine gleichförmige Kreisbewegung aus, so
a) benötigt er für einen vollständigen Kreisumlauf immer die gleiche Zeitspanne. Diese wird mit **T** bezeichnet und **Umlaufzeit** genannt.
b) besitzt der Quotient aus der Anzahl k seiner Umläufe und der dafür benötigten Zeit t stets den gleichen Wert. Dieser wird mit **f** bezeichnet und **Drehfrequenz** genannt:

$$f := \frac{k}{t}$$

c) ist der vom Fahrstrahl, also von der Verbindungslinie zwischen Kreismittelpunkt und Massenpunkt in der Zeit Δt überstrichene Winkel $\Delta\varphi$ zur Zeit proportional. Die Proportionalitätskonstante heißt **Winkelgeschwindigkeit** und wird mit ω bezeichnet:

$$\omega = \frac{\Delta\varphi}{\Delta t}$$

φ wird dabei im Bogenmaß angegeben.

T besitzt die Benennung s, f und ω besitzen die Benennung $\frac{1}{s}$. Für die **Frequenz** ist auch die abgeleitete **Einheit Hertz (Einheitenzeichen Hz)** gebräuchlich:

$$1\,\text{Hz} = \frac{1}{s}$$

Die Umrechnung zwischen Grad und Bogenmaß erfolgt gemäß:

a) $\varphi_{\text{Bogenmaß}} = \frac{\pi}{180°} \cdot \varphi_{\text{Gradmaß}}$

b) $\varphi_{\text{Gradmaß}} = \frac{180°}{\pi} \cdot \varphi_{\text{Bogenmaß}}$

4 Jede der drei Größen T, f, ω kann jeweils durch eine der beiden anderen ausgedrückt werden:

a) $f = \dfrac{1}{T} = \dfrac{\omega}{2\pi}$

b) $T = \dfrac{1}{f} = \dfrac{2\pi}{\omega}$

c) $\omega = \dfrac{2\pi}{T} = 2\pi \cdot f$

Begründung: Die Beziehung $f = \frac{1}{T}$ folgt aus der Definition von f
(→ 14|1b), weil für k = 1 Umläufe die Zeit t = T benötigt wird.
Die Beziehung $\omega = \frac{2\pi}{T}$ folgt aus der Definition von ω (→ 14|1c), da
der Fahrstrahl in der Zeit T den Winkel $\varphi = 360° = 2\pi$ überstreicht.
Die restlichen Beziehungen folgen hieraus durch algebraische Umformungen.

5 Durchläuft ein Massenpunkt gleichförmig eine Kreisbahn vom Radius r, so ist die Länge s des in der Zeit t durchlaufenen Kreisbogens proportional zur Zeit t. Die Proportionalitätskonstante wird mit v_B bezeichnet und heißt **Bahngeschwindigkeit**. Es gilt:

$$v_B = r \cdot \omega$$

Begründung:

$$v_B := \frac{s}{t} = \frac{r \cdot \varphi}{t} = r \cdot \frac{\varphi}{t} \overset{(\to 14|1c)}{=} r \cdot \omega$$

6 Die **Bahngeschwindigkeit** ist als Quotient zweier Skalare im Gegensatz zur Momentangeschwindigkeit ein **Skalar**.

7 **Beispiel:** Erdumlauf
Für den Umlauf der Erde um die Sonne auf einer idealisierten Kreisbahn vom Radius $r = 1{,}496 \cdot 10^{11}$ m erhält man folgende Zahlenwerte:

• $T = 1\ a = 365{,}25\ d = 365{,}25 \cdot 24 \cdot 60 \cdot 60\ s = 31\,557\,600\ s$

• $f \overset{(\to 14|4a)}{=} \dfrac{1}{T} = \dfrac{1}{31\,557\,600\ s}\dfrac{1}{s} = 3{,}169 \cdot 10^{-8}$ Hz

- $\omega \overset{(\rightarrow 14\,|\,4c)}{=} 2\pi \cdot f = 2\pi \cdot 3{,}169 \cdot 10^{-8}\,\dfrac{1}{s} = 1{,}99 \cdot 10^{-7}\,s^{-1}$

- $v_B \overset{(\rightarrow 14\,|\,5)}{=} r \cdot \omega = 1{,}496 \cdot 10^{11}\,m \cdot 1{,}99 \cdot 10^{-7}\,s^{-1} = 29\,786\,\dfrac{m}{s}$

Zur **mathematischen Beschreibung einer Kreisbewegung** wählt man ein zweidimensionales kartesisches Koordinatensystem so, dass es in der Ebene der Kreisbahn liegt und der Koordinatenursprung mit dem Kreismittelpunkt zusammenfällt. Bewegt sich der Massenpunkt mit der **konstanten Winkelgeschwindigkeit** ω auf einem Kreis vom Radius r, so schließt der Fahrstrahl

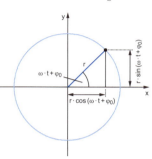

vom Mittel- zum Massenpunkt mit der x-Achse zum Zeitpunkt t den Winkel $\varphi = \omega \cdot t + \varphi_0$ ein. φ_0 bezeichnet dabei den Anfangswert dieses Winkels. Die Koordinaten des Massenpunkts lauten daher:

a) $x(t) = r \cdot \cos(\omega \cdot t + \varphi_0)$

b) $y(t) = r \cdot \sin(\omega \cdot t + \varphi_0)$

Hieraus erhält man durch Differenzieren nach der Zeit ($\rightarrow 1\,|\,13$) die zu den Koordinatenachsen parallelen Komponenten des Geschwindigkeits- und Beschleunigungsvektors:

a) $v_x(t) = \dot{x}(t) = -r \cdot \omega \cdot \sin(\omega \cdot t + \varphi_0)$
$\phantom{v_x(t) = \dot{x}(t)} = -\omega \cdot y(t)$

b) $v_y(t) = \dot{y}(t) = r \cdot \omega \cdot \cos(\omega \cdot t + \varphi_0)$
$\phantom{v_y(t) = \dot{y}(t)} = \omega \cdot x(t)$

c) $a_x(t) = \ddot{x}(t) = -r \cdot \omega^2 \cdot \cos(\omega \cdot t + \varphi_0)$
$\phantom{a_x(t) = \ddot{x}(t)} = -\omega^2 \cdot x(t)$

d) $a_y(t) = \ddot{y}(t) = -r \cdot \omega^2 \cdot \sin(\omega \cdot t + \varphi_0)$
$\phantom{a_y(t) = \ddot{y}(t)} = -\omega^2 \cdot y(t)$

10 Der Vektor

$$\vec{v}(t) = \begin{pmatrix} v_x(t) \\ v_y(t) \end{pmatrix}$$

der **Momentangeschwindigkeit**
steht auf dem Ortsvektor

$$\vec{r}(t) = \begin{pmatrix} x(t) \\ y(t) \end{pmatrix}$$

des Massenpunkts zu jedem Zeitpunkt t senkrecht und ist daher
tangential zur Kreisbahn gerichtet.

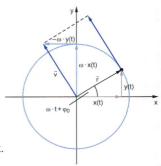

11 Der Betrag der Momentangeschwindigkeit stimmt mit der Bahnge-
schwindigkeit (→ 14|5) überein.

Begründung:

$$v(t) = \sqrt{v_x^2(t) + v_y^2(t)} \overset{(\to 14\,|\,9a;b)}{=} \sqrt{(-\omega \cdot y(t))^2 + (\omega \cdot x(t))^2}$$

$$= \omega \cdot \sqrt{(y(t))^2 + (x(t))^2} = \omega \cdot \sqrt{r^2} = \omega \cdot r$$

12 Der Vektor

$$\vec{a}(t) = \begin{pmatrix} a_x(t) \\ a_y(t) \end{pmatrix}$$

der **Momentanbeschleunigung**
ist zu jedem Zeitpunkt antiparal-
lel zum Ortsvektor

$$\vec{r}(t) = \begin{pmatrix} x(t) \\ y(t) \end{pmatrix}$$

also **vom Massenpunkt zum
Kreismittelpunkt** gerichtet.

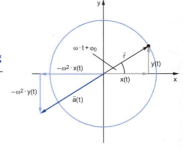

13 Für den Betrag a der Momentanbeschleunigung gilt

$$a = \omega^2 \cdot r$$

Begründung:

$$a(t) = \sqrt{a_x^2(t) + a_y^2(t)} \overset{(\to 14\,|\,9a;b)}{=} \sqrt{(-\omega^2 \cdot x(t))^2 + (-\omega^2 \cdot y(t))^2}$$

$$= \omega^2 \cdot \sqrt{(x(t))^2 + (y(t))^2} = \omega^2 \cdot \sqrt{r^2} = \omega^2 \cdot r$$

Zwischen dem Betrag a der Momentanbeschleunigung und der Bahn- **14**
geschwindigkeit v_B besteht der Zusammenhang:

$$a = \frac{v_B^2}{r}$$

Begründung:

$$a \overset{(\to 14\,|\,13)}{=} \omega^2 \cdot r \overset{(\to 14\,|\,5)}{=} \left(\frac{v_B}{r}\right)^2 \cdot r = \frac{v_B^2}{r}$$

15 Zentripetalkraft

Ein Massenpunkt m, der mit konstanter Bahn- bzw. Winkelgeschwin- **1**
digkeit v_B ($\to 14\,|\,5$) bzw. ω ($\to 14\,|\,1$) gleichförmig auf einer Kreis-
bahn vom Radius r umläuft, erfährt in jedem Augenblick eine zum
Kreismittelpunkt gerichtete, **Zentripetalkraft** genannte Kraft vom
Betrag

$$F = \frac{m \cdot v_B^2}{r} \quad \text{bzw.} \quad F = m \cdot \omega^2 \cdot r$$

Begründung: Weil nach ($\to 7\,|\,4$) die Richtungen von Kraft und Be-
schleunigung übereinstimmen, ist die auf den Massenpunkt wirkende
Kraft nach ($\to 14\,|\,12$) zum Kreismittelpunkt gerichtet. Für den Betrag
der Kraft gilt:

$$F \overset{(\to 7\,|\,4)}{=} m \cdot a \overset{(\to 14\,|\,14)}{=} m \cdot \frac{v_B^2}{r} \quad \text{bzw.} \quad F = m \cdot a \overset{(\to 14\,|\,13)}{=} m \cdot \omega^2 \cdot r$$

Da die **Zentripetalkraft** stets senkrecht zum Weg gerichtet ist, **ver-** **2**
richtet sie **keine Arbeit** ($\to 10\,|\,3b$) und ändert die mechanische Ener-
gie des umlaufenden Massenpunkts nicht. Sie **bewirkt** ausschließlich
eine **Änderung** seiner Geschwindigkeits**richtung**, **nicht** aber eine
Änderung seines Geschwindigkeits**betrages**.

3 Zentripetalkräfte sind keine neue Kraftart. Jede Kraft kann die Rolle einer Zentripetalkraft übernehmen.

Beispiel 1: Erdumlauf

Die Zentripetalkraft, welche die Erde bei ihrem Jahresumlauf um die Sonne auf einer Kreisbahn hält (→ 14|7), wird durch die Gravitationskraft (→ 17|1) der Sonne bewirkt. Für ihren Betrag gilt:

$$F = m \cdot \omega^2 \cdot r = m \cdot \left(\frac{2\pi}{T}\right)^2 \cdot r$$

$$= 5{,}977 \cdot 10^{24} \text{ kg} \cdot \left(\frac{2\pi}{365 \cdot 24 \cdot 60 \cdot 60 \text{ s}}\right)^2 \cdot 1{,}496 \cdot 10^{11} \text{ m}$$

$$= 3{,}549 \cdot 10^{22} \text{ N}$$

Beispiel 2: Radfahrer in Kurve

Bei der **Kurvenfahrt eines Zweirads** wird die erforderliche Zentripetalkraft letztlich von der Haftkraft $\vec{F}_{\text{Haft}}$ zwischen Reifen und Straße erzeugt. Diese addiert sich mit der Stützkraft $\vec{F}_{\text{Stütz}}$, mit der die Straße der Gewichtskraft $\vec{F}_{\text{Gewicht}}$ des Systems Fahrer–Zweirad entgegenwirkt, zu der schräg nach oben wirkenden Kraft $\vec{F}$.

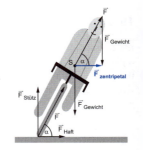

Verläuft die Wirkungslinie dieser Kraft durch den Schwerpunkt S des Systems Fahrer–Zweirad (andernfalls würde es kippen), kann man sich $\vec{F}$ in S angreifend denken. Die Zentripetalkraft $\vec{F}_Z$ ergibt sich dann als Vektorsumme der Kräfte $\vec{F}$ und $\vec{F}_{\text{Gewicht}}$ und ist damit die Ersatzkraft der drei tatsächlich am System angreifenden Kräfte $\vec{F}_{\text{Haft}}$, $\vec{F}_{\text{Stütz}}$ und $\vec{F}_{\text{Gewicht}}$.

Für den Neigungswinkel α gegen die Horizontale gilt (vgl. Skizze):

$$\tan \alpha = \frac{F_{\text{Gewicht}}}{F_{\text{Zentripetal}}} = \frac{m \cdot g}{\dfrac{m \cdot v^2}{r}} = \frac{g \cdot r}{v^2}$$

Dabei bezeichnen r den Kurvenradius, v die Bahngeschwindigkeit und m die Masse des Systems Zweirad-Fahrer.

16 Trägheitskräfte

Unter einem **Inertialsystem** versteht man ein Bezugssystem, in dem **1**
das Newton'sche Trägheitsgesetz ($\rightarrow$ 7|3) uneingeschränkte Gültig-
keit besitzt. In einem solchen System befindet sich jedes Objekt, das
eine Masse besitzt und auf das keine Kraft wirkt, im Zustand der
Ruhe oder der geradlinig gleichförmigen Bewegung.

Ruhen ein Beobachter B in einem Inertialsystem S und ein Beobach- **2**
ter B* in einem relativ zu S beschleunigten Bezugssystem S*, so deutet B* das Verhalten eines Körpers der Masse m, das von B in S als
Trägheitsverhalten interpretiert wird, als Folge der Wirkung einer
Kraft $\vec{F}^*$. Diese nur für B*, nicht aber für B existierende Kraft $\vec{F}^*$
wird als **Schein- oder Trägheitskraft** bezeichnet.

Trägheitskräfte erkennt man daran, dass sie **keine Wechselwir-** **3**
kungskräfte sind, die von anderen Körpern ausgeübt werden oder
die auf andere Körper Gegenkräfte ausüben. Aus der Beobachtung
einer Trägheitskraft kann man feststellen, dass man sich in einem
beschleunigten Bezugssystem befindet. Findet man zu jeder Kraft
eine Gegenkraft, befindet man sich in einem Inertialsystem.

Trägheitskräfte existieren trotz ihrer Bezeichnung als Scheinkräfte **4**
für den mitbeschleunigten Beobachter ganz real.

Trägheitskräfte in einem geradlinig beschleunigten System

Erfährt ein Bezugssystem S* in Bezug auf ein Inertialsystem S die **5**
nach Betrag und Richtung konstante Beschleunigung $\vec{a}$, so wirkt für
einen in S* ruhenden Beobachter B* auf einen Körper der Masse m
zusätzlich zu den in S ausgeübten Kräften die **Trägheitskraft**

$$\vec{F}^* = -m \cdot \vec{a}.$$

6 **Beispiel:** Beschleunigter Aufzug

Steht eine Person der Masse m in einem Aufzug (System S*) auf einer Waage, so weicht das angezeigte Gewicht G' vom üblichen Gewicht G ab, sobald der Aufzug in der Vertikalen relativ zum Fahrstuhlschacht (System S) beschleunigt. Bezeichnet a den Beschleunigungsbetrag, so gilt

a) $G' = m \cdot (g + a)$ (Bewegung nach **oben**)   bzw.

b) $G' = m \cdot (g - a)$ (Bewegung nach **unten**),

da auf die Person zusätzlich zu der nach unten gerichteten Gewichtskraft $G = m \cdot g$ eine nach **unten** bzw. **oben** gerichtete Trägheitskraft vom Betrag $F^* = m \cdot a$ wirkt.

Aus dem angezeigten Gewicht lässt sich die Beschleunigung des Aufzugs nach Betrag und Richtung ermitteln:
Zeigt die Waage im beschleunigten Aufzug für einen Mann der Masse 80 kg z. B. nur noch 60 kg an, so bewegt sich der Aufzug wegen der kleineren angezeigten Masse nach unten. Nach (→ 16|6b) gilt:

$$a = g - \frac{G'}{m} = g - \frac{60 \text{ kg} \cdot g}{80 \text{ kg}} = 0,25 \cdot g = 2,5 \frac{m}{s^2}$$

Trägheitskräfte auf einen Körper, der in einem rotierenden System ruht

7 Führt ein Bezugssystem S* eine gleichförmige Kreisbewegung vom Radius r mit der konstanten Bahn- bzw. Winkelgeschwindigkeit v_B (→ 14|5) bzw. ω (→ 14|1) aus, erfährt jeder im Ursprung von S* ruhende Körper der Masse m eine vom Kreismittelpunkt nach außen weisende, **Zentrifugal-** oder **Fliehkraft** genannte Trägheitskraft $\vec{F}_{Zentrifugal}$ vom Betrag

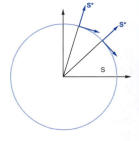

$$\mathbf{F_{Zentrifugal}} = \frac{\mathbf{m \cdot v_B^2}}{\mathbf{r}} \quad \text{bzw.} \quad \mathbf{F_{Zentrifugal}} = \mathbf{m \cdot \omega^2 \cdot r}$$

Die Zentrifugalkraft hat den gleichen Betrag wie die Zentripetalkraft (→ 15|1), aber die entgegengesetzte Richtung.

Die Unterschiede zwischen der Zentripetalkraft, deren Gegenkraft (→ 7|5) und der Zentrifugalkraft müssen sorgfältig beachtet werden.

Wird zum Beispiel ein an einer Schnur befestigter Körper der Masse m per Hand auf einer horizontalen Kreisbahn herumgeschleudert, so
• greift die Zentripetalkraft am Körper an. Sie ist nach innen gerichtet.
• greift an der Hand nicht die Zentrifugal-, sondern die Gegenkraft der Zentripetalkraft an. Sie ist nach außen gerichtet.
• greift die Zentrifugalkraft am gleichen Punkt wie die Zentripetalkraft an, ist aber nach außen gerichtet und nur für einen mit dem Körper mitbewegten Beobachter erfahrbar.

Die genannten Kräfte besitzen den gleichen Betrag.

Mithilfe der Zentrifugalkraft lassen sich Gleichgewichtszustände auf rotierenden Vorrichtungen übersichtlich untersuchen.

Beispiel: Oberflächengestalt rotierender Flüssigkeiten

Rotiert ein mit einer Flüssigkeit gefülltes zylindrisches Gefäß mit der Winkelgeschwindigkeit ω um seine Längsachse, so nimmt die Flüssigkeitsoberfläche die Gestalt eines **Rotationsparaboloids** an.

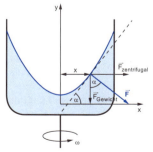

Begründung: Auf jedes Flüssigkeitsteilchen der Masse m wirken an der Oberfläche die Zentrifugal- und die Gewichtskraft. Die Flüssigkeitsoberfläche stellt sich senkrecht zur Resultierenden $\vec{F}$ dieser beiden Kräfte ein.

Für die Steigung der Tangente an die Flüssigkeitsoberfläche in einem Punkt mit Abstand x von der y-Achse gilt:

$$\tan \alpha = \frac{F_{Zentrifugal}}{F_{Gewicht}} \overset{(\rightarrow 16 | 7)}{=} \frac{m \cdot x \cdot \omega^2}{m \cdot g} = \frac{\omega^2}{g} \cdot x$$

Bezeichnet f(x) die Funktion, deren Graph mit dem Querschnitt durch die Flüssigkeitsoberfläche übereinstimmt, so gilt:

$$f'(x) = \tan \alpha = \frac{\omega^2}{g} \cdot x$$

Durch Integration nach x folgt hieraus:

$$f(x) = \frac{\omega^2}{2 \cdot g} \cdot x^2 + C$$

Der Querschnitt besitzt also eine parabelförmige Kontur.

10 Beispiel: Zentrifuge
Wird eine Mischung unterschiedlicher Flüssigkeiten in rasche Umdrehung versetzt, so reichert sich die Flüssigkeit mit der größeren Dichte weiter außen, die mit der kleineren in der Nähe der Drehachse an.

Begründung: An gleichen Volumenelementen ΔV greifen am selben Ort wegen

$$F_{Zentrifugal} = m \cdot r \cdot \omega^2 = \rho \cdot \Delta V \cdot r \cdot \omega^2$$

umso größere Zentrifugalkräfte an, je größer die Dichte ist.

11 Beispiel: Kurvenüberhöhung
Fährt ein Wagen der Masse m durch eine Kurve vom Radius r, so greifen in seinem Schwerpunkt die Zentrifugalkraft und die Gewichtskraft an. Ein sicheres Durchfahren der Kurve ist dann gewährleistet, wenn eine Kurvenüberhöhung vom soge-

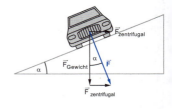

nannten Böschungswinkel α dafür sorgt, dass die Resultierende dieser beiden Kräfte das Fahrzeug senkrecht auf die Fahrbahn drückt.

Für den Böschungswinkel erhält man:

$$\tan \alpha = \frac{F_{Zentrifugal}}{F_{Gewicht}} \overset{(\rightarrow 16\,|\,7)}{=} \frac{\frac{m \cdot v^2}{r}}{m \cdot g} = \frac{v^2}{r \cdot g}$$

Trägheitskräfte auf einen Körper, der sich in einem rotierenden System bewegt

Bewegt sich ein Körper der Masse m mit der Relativgeschwindig- **12**
keit $\vec{v}_R$ in einem Bezugssystem, das mit der Winkelgeschwindigkeit ω
rotiert, so wirkt auf ihn zusätzlich zur Zentrifugalkraft eine weitere
Trägheitskraft, die sogenannte **Corioliskraft** $\vec{F}_C$. Sie steht senkrecht
auf der Drehachse und auf dem Vektor $\vec{v}_R$ der Relativgeschwindigkeit und hat den Betrag

$$F_C = 2\,m \cdot v_R \cdot \omega \cdot \sin \vartheta$$

ϑ bezeichnet dabei den Winkel zwischen der Drehachse und $\vec{v}_R$.
Entfernt sich der Körper von der Drehachse, so wirkt die Corioliskraft entgegen der Rotationsrichtung, nähert er sich der Achse, wirkt
sie in Rotationsrichtung.

Auf der rotierenden Erde hat die Corioliskraft im Allgemeinen eine **13**
Horizontal- und eine Vertikalkomponente. Findet die Bewegung nur
auf der Oberfläche statt, so wirkt sie
• an den Polen nur horizontal;
• am Äquator nur radial in Richtung der Zentrifugalkraft.

Außer an den Polen trifft ein frei fallender Körper die Erdoberfläche **14**
infolge der Corioliskraft stets in einem Punkt, der um eine kleine
Strecke gegenüber dem Punkt nach Osten verschoben ist, der genau
lotrecht unter der Abwurfstelle liegt.
Wird er vertikal nach oben geworfen, so erfährt er während des Aufstiegs eine Abweichung in westlicher Richtung, die viermal so groß
ist wie die beim anschließenden freien Fall durch die gleiche Höhe
sich ergebende Ostabweichung. Er trifft daher westlich vom Abwurfort auf die Erdoberfläche.

15 Die Horizontalkomponente der Corioliskraft bewirkt für alle sich auf der nördlichen bzw. südlichen Erdhalbkugel horizontal bewegenden Körper eine Rechts- bzw. Linksabweichung.

16 **Beispiel:** Zyklone und Antizyklone
Tief- bzw. Hochdruck-
gebiete drehen sich auf
der Nordhalbkugel gegen
den bzw. im Uhrzeiger-
sinn, weil die Luft in ein
Tief hinein und aus einem
Hoch herausströmt.

17 **Beispiel:** Foucault'sches Pendel
Die Pendelebene eines an einem Ort der geografischen Breite φ frei schwingenden Pendels dreht sich infolge der Corioliskraft innerhalb eines Sterntags (23 h 56 min 4 s) um $360° \cdot \sin φ$. Damit wies Foucault 1851 die Erdrotation nach.

Gravitation

17 Das Gravitationsgesetz

Unter **Gravitation** oder Massenanziehung versteht man das Phäno- 1
men, dass jeder Körper nur auf Grund seiner Masse auf jeden anderen Körper mit Masse eine anziehende Kraft ausübt. Nach dem 1686
von Newton veröffentlichten **Gravitationsgesetz** wirkt die von einem
Körper der Masse m_1 auf einen Körper der Masse m_2 ausgeübte Gravitationskraft unabhängig von der Form der Körper in Richtung der
Verbindungslinie der Körperschwerpunkte. Der Kraftbetrag ist direkt
proportional zum Produkt der beiden Massen und indirekt proportional zum Quadrat der Entfernung r der Schwerpunkte:

$$F_{Gr} = \gamma \cdot \frac{m_1 \cdot m_2}{r^2}$$

Die Proportionalitätskonstante γ heißt **Gravitationskonstante** und
besitzt den Wert $6,6742 \cdot 10^{-11} \frac{m^3}{kg \cdot s^2}$.

Experimentelle Bestimmung der Gravitationskonstanten 2

Der numerische Wert der Gravitationskonstanten kann grund-
sätzlich nicht aus astronomi-
schen Beobachtungen ermittelt
werden. Im Unterricht lässt er
sich z. B. mithilfe einer Tor-
sionsdrehwaage bestimmen.
Man hängt dazu eine leichte
Stange, an deren Enden zwei
kleine, gleich große Bleikugeln

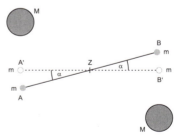

angebracht sind, in ihrem Schwerpunkt Z an einem vertikalen, dün-
nen Torsionsdraht waagerecht auf und wartet, bis sie die Ruhestellung AB eingenommen hat. Dann bringt man zwei gleich große Bleikugeln der Masse $M \gg m$ seitlich neben den kleinen Kugeln ortsfest
so an, dass die Mittelpunkte aller Kugeln in einer Ebene liegen, und
wartet, bis die Waage ihre neue Ruhestellung A'B' eingenommen
hat.

In dieser Stellung ist das vom verdrillten Torsionsdraht bewirkte rücktreibende Drehmoment (→ 38|4) gegengleich zur Summe der von den Gravitationskräften zwischen den Kugeln erzeugten auslenkenden Drehmomente.

Für den Betrag der **Kraft $\vec{F}_1$**, mit der eine der **Massen M die benachbarte Masse m anzieht**, gilt:

$$F_1 = \gamma \cdot \frac{m \cdot M}{r^2}$$

Der Betrag der **Kraft $\vec{F}_2^*$**, mit der eine der **Massen M senkrecht zu A'B' auf die entfernte Masse m wirkt**, ergibt sich

aus der Verhältnisgleichung

$$\frac{F_2^*}{F_2} = \frac{r}{\sqrt{r^2 + 4b^2}} \quad \text{mit} \quad F_2 = \gamma \cdot \frac{m \cdot M}{r^2 + 4b^2}$$

zu:

$$F_2^* = \frac{r}{\sqrt{r^2 + 4b^2}} \cdot \gamma \cdot \frac{m \cdot M}{r^2 + 4b^2}$$

Auf jede Masse m wirkt daher senkrecht zu A'B' eine anziehende Kraft vom Betrag

$$F_1 - F_2^* = \gamma \cdot \frac{m \cdot M}{r^2} \cdot \left(1 - \frac{r^3}{\sqrt{(r^2 + 4b^2)^3}}\right),$$

wodurch insgesamt ein auslenkendes Drehmoment vom Betrag

$$2b \cdot \gamma \cdot \frac{m \cdot M}{r^2} \cdot \left(1 - \frac{r^3}{\sqrt{(r^2 + 4b^2)^3}}\right) \quad (1)$$

erzeugt wird. Dieses wird im Gleichgewichtsfall A'B' durch das rücktreibende Drehmoment

$$D \cdot \alpha \quad\quad\quad\quad\quad\quad (2)$$

des verdrillten Drahts kompensiert. α lässt sich mittels eines in Z befestigten Spiegels und eines Lichtzeigers ermitteln, das Direktionsmoment D aus der Schwingungsdauer T (→ 23|4; 41) der Torsionswaage.

Für diese gilt mit dem Trägheitsmoment ($\rightarrow 39|4$) $2m \cdot b^2$ der beiden kleinen Kugeln:

$$T = 2\pi \cdot \sqrt{\frac{2m \cdot b^2}{D}}$$

Durch Gleichsetzen von (1) und (2) und Auflösen nach γ erhält man:

$$\gamma = \frac{4\pi^2 \cdot b \cdot r^2 \cdot \sqrt{(4b^2 + r^2)^3}}{M \cdot T^2 \cdot \left(\sqrt{(4b^2 + r^2)^3} - r^3\right)} \cdot \alpha = A \cdot \frac{\alpha}{M \cdot T^2}$$

Darin ist A ein nur von der Geometrie der Anordnung abhängiger Faktor, die Größen α, M und T sind unabhängige Messgrößen.

18 Einfache Anwendungen des Gravitationsgesetzes

Ein **Satellit** ist ein natürlicher oder künstlicher Körper im Weltall, der auf einer festen Bahn um einen anderen Körper läuft. Handelt es sich um eine Kreisbahn, so ergibt sich die **Masse M des Zentralkörpers** aus der Umlaufzeit T und dem Bahnradius r des Satelliten:

$$M = \frac{4\pi^2 \cdot r^3}{\gamma \cdot T^2}$$

Begründung: Die Zentripetalkraft ($\rightarrow 15|1$)

$$F_Z = m \cdot r \cdot \omega^2 = m \cdot r \cdot \left(\frac{2\pi}{T}\right)^2$$
$$= \frac{m \cdot r \cdot 4\pi^2}{T^2} \qquad (1)$$

für die Kreisbewegung eines Satelliten der Masse m wird von der Gravitationskraft ($\rightarrow 17|1$)

$$F_{Gr} = \gamma \cdot \frac{m \cdot M}{r^2} \qquad (2)$$

des Zentralkörpers aufgebracht. Durch Gleichsetzen von (1) und (2) und Auflösen nach M erhält man ($\rightarrow 18|1$).

2 Aus der Umlaufzeit $T = 365\,d\,6\,h\,9\,min\,10\,s = 3{,}156 \cdot 10^7\,s$ der Erde um die Sonne und dem Radius $r = 1{,}496 \cdot 10^{11}\,m$ ihrer fast perfekten Kreisbahn ergibt sich nach ($\rightarrow 18|1$) der **numerische Wert der Sonnenmasse**:

$$M_{Sonne} = \frac{4\pi^2 \cdot r^3}{\gamma \cdot T^2} = \frac{4\pi^2 \cdot (1{,}496 \cdot 10^{11}\,m)^3}{6{,}6742 \cdot 10^{-11}\frac{m^3}{kg \cdot s^2} \cdot (3{,}156 \cdot 10^7\,s)^2}$$

$$= \mathbf{1{,}988 \cdot 10^{30}\,kg}$$

3 Die **Masse M_{Erde} der Erde** lässt sich durch den Ortsfaktor g, den Erdradius R_{Erde} und die Gravitationskonstanten γ ausdrücken:

$$M_{Erde} = \frac{g \cdot R_{Erde}^2}{\gamma}$$

Begründung: Da die Gewichtskraft $F_G = m \cdot g$ ($\rightarrow 8|1$) eines Körpers der Masse m im Abstand R_{Erde} vom Erdmittelpunkt gleich der Anziehungskraft $F_{Gr} = \gamma \cdot m \cdot M_{Erde} \cdot R_{Erde}^{-2}$ der Erde auf diesen Körper ist ($\rightarrow 17|1$), gilt:

$$\gamma \cdot \frac{m \cdot M_{Erde}}{R_{Erde}^2} = m \cdot g$$

Auflösen dieser Gleichung nach M_{Erde} ergibt ($\rightarrow 18|3$).

4 Mit den Zahlenwerten $\gamma = 6{,}6742 \cdot 10^{-11}\frac{m^3}{kg \cdot s^2}$ ($\rightarrow 17|1$), $g = 9{,}81\frac{m}{s^2}$ ($\rightarrow 4|1$) und $R_{Erde} = 6{,}371 \cdot 10^6\,m$ erhält man aus ($\rightarrow 18|3$) für den **numerischen Wert der Erdmasse**:

$$M_{Erde} = \mathbf{5{,}966 \cdot 10^{24}\,kg}$$

5 Aus der Erdmasse M_{Erde} und dem Erdradius R_{Erde} kann die **mittlere Dichte ρ_{Erde} der Erde** berechnet werden:

$$\rho_{Erde} = \frac{M_{Erde}}{V_{Erde}} = \frac{M_{Erde}}{\frac{4}{3}\pi \cdot R_{Erde}^3} = \frac{3 \cdot 5{,}966 \cdot 10^{24}\,kg}{4\pi \cdot (6{,}371 \cdot 10^6\,m)^3}$$

$$= 5{,}5 \cdot 10^3\,\frac{kg}{m^3}$$

Weil die uns zugängliche **Erdkruste** nur eine mittlere Dichte von $\rho_{\text{Kruste}} = 2,8 \cdot 10^3 \frac{\text{kg}}{\text{m}^3}$ aufweist, schließt man auf einen wesentlich dichteren **Erdkern**.

Für die **Masse m eines Satelliten**, der im Abstand r einen Zentral- **6**
körper der Masse M in der Zeit T umkreist, gilt:

$$m = \frac{4\pi^2 \cdot r^3}{\gamma \cdot T^2} - M$$

Begründung: Berücksichtigt man, dass sich Satellit und Zentralkörper um ihren gemeinsamen Schwerpunkt S bewegen, und bezeichnet man mit r_m bzw. r_M die Abstände der Himmelskörper von S, so gilt:

$$r_m + r_M = r \qquad (1)$$

$$M \cdot r_M = m \cdot r_m \qquad (2) \quad \text{(Schwerpunktsbedingung)}$$

Durch Auflösen nach r_m erhält man:

$$r_m = \frac{M \cdot r}{m + M} \qquad (3)$$

Da die Zentripetalkraft ($\rightarrow 15|1$)

$$F_Z = m \cdot r_m \cdot \omega^2 = m \cdot r_m \cdot \left(\frac{2\pi}{T}\right)^2 = \frac{m \cdot r_m \cdot 4\pi^2}{T^2} \quad (4)$$

für die Kreisbewegung des Satelliten von der Gravitationskraft ($\rightarrow 17|1$)

$$F_{Gr} = \gamma \cdot \frac{m \cdot M}{r^2} \qquad (5)$$

des Zentralkörpers erbracht wird, gilt:

$$\frac{m \cdot r_m \cdot 4\pi^2}{T^2} = \gamma \cdot \frac{m \cdot M}{r^2} \quad (6)$$

Setzt man hier (3) ein und kürzt m, erhält man

$$\frac{\frac{M \cdot r}{m + M} \cdot 4\pi^2}{T^2} = \gamma \cdot \frac{M}{r^2}$$

und daraus ($\rightarrow 18|6$) durch Kürzen von M und Auflösen nach m.

7 Mithilfe von (→ 18|6) lassen sich aus der Masse des Zentralkörpers bei bekannter Umlaufdauer und bekanntem Abstand die
- Planetenmassen und die
- Massen der Planetenmonde

berechnen.

8 Für die **Entstehung der Gezeiten**, also das an den Küsten offener Meere zweimal täglich zu beobachtende Ansteigen und Zurückweichen des Meeresspiegels, sind die Zentrifugalkräfte (→ 16|7) der Mond-Erd-Bewegung und die Gravitationskräfte des Mondes verantwortlich.

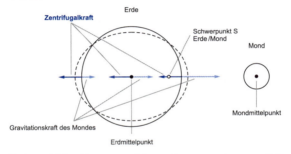

Erde und Mond bewegen sich um ihren gemeinsamen Schwerpunkt S, der etwa $\frac{3}{4}$ des Erdradius vom Erdmittelpunkt entfernt im Erdinneren liegt. Die Erde dreht sich dabei nicht um eine durch S gehende Achse; vielmehr verschiebt sie sich in der Weise, dass alle Punkte auf der Erde innerhalb von $27\frac{1}{3}$ Tagen Kreise vom Radius $\frac{3}{4} \cdot R_{\text{Erde}}$ durchlaufen. Diese Bewegung kann man mit einer Münze simulieren, wenn man sie auf einer ebenen Unterlage so auf einem Kreis bewegt, dass die Zahl immer aufrecht steht.

Für jeden Erdpunkt wirkt die von dieser Kreisbewegung hervorgerufene Zentrifugalkraft parallel zur Verbindungslinie der Mittelpunkte von Erde und Mond, ist vom Mond weg gerichtet und besitzt den gleichen Betrag. Die Gravitationskraft des Mondes zeigt dagegen stets zum Mondmittelpunkt und ist an der vom Mond abgewandten Seite der Erde kleiner als an der dem Mond zugewandten; im Erdmittelpunkt sind Zentrifugal- und Gravitationskraft genau gegengleich.

Bei der Vektorsumme aus der Mondanziehungs- und der Zentrifugalkraft überwiegt daher an der mondnahen Seite die zum Mond gerichtete Gravitationskraft und auf der mondfernen Seite die vom Mond abgewandte Zentrifugalkraft. Das Meereswasser wird daher auf der vom Mond abgewandten Erdseite vom Mond weg- und auf der dem Mond zugewandten Seite auf den Mond zu getrieben; auf beiden Erdseiten resultiert eine Wasserbewegung von den Polen weg hin zum Äquator.

Es entstehen zwei Flutberge, die wegen der Erdrotation im Laufe eines Tages einmal um die Erde wandern, sodass zweimal täglich Ebbe und Flut auftreten.

19 Das Gravitationsfeld

Zum besseren Verständnis für die Übertragung von Gravitationskräften zwischen Massen führt man den Begriff des **Gravitationsfelds** ein. Darunter versteht man einen Raumbereich, in dem auf einen Körper allein aufgrund seiner Masse Gravitationskräfte ausgeübt werden.

Die Stärke eines Gravitationsfelds wird durch die Kräfte bestimmt, die es auf Probekörper ausübt. Das sind Körper, deren Masse so klein ist, dass ihr eigenes Gravitationsfeld das auszumessende Feld nicht merklich stört.

Die Erfahrung lehrt, dass in einem Gravitationsfeld der Betrag der Gravitationskraft $\vec{F}_{Gr}$ auf einen in einem beliebigen Punkt P befindlichen Probekörper der Masse m proportional zu m ist. Der Quotient

$$\vec{G}* = \frac{\vec{F}_{Gr}}{m}$$

hängt demnach nur noch von der „Stärke des Gravitationsfeldes" im Punkt P ab und heißt **Gravitationsfeldstärke**.

Die Gravitationsfeldstärke $\vec{G}*$ ist ein Vektor, der in die gleiche Richtung wie die auf den Probekörper ausgeübte Gravitationskraft weist. Ausgedrückt durch die SI-Basiseinheiten besitzt sie die **Einheit** $\frac{m}{s^2}$.

5 Gravitationsfelder lassen sich durch **Feldlinien** veranschaulichen.
Das sind fiktive Kurven, welche in jedem Punkt des Felds tangential
zum dortigen Feldstärkevektor verlaufen. Üblicherweise sind sie so
gezeichnet, dass ihre Dichte in einem zur Feldrichtung senkrechten
Flächenelement proportional ist zum Betrag der Feldstärke in diesem
Flächenelement und die Richtung der Feldlinie in jedem Punkt mit
der Richtung der Kraft in diesem Punkt übereinstimmt.

Die blauen Linien in der
Abbildung sind Feld-
linien des Gravitations-
felds einer endlichen
Scheibe mit konstanter
Massenverteilung.

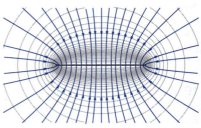

6 Die Erfahrung zeigt, dass beim Transport eines Probekörpers der
Masse m in einem Gravitationsfeld vom Punkt P_0 zum Punkt P_1
gegen die Feldkräfte eine Arbeit W_{P_0, P_1}^{extern} verrichtet wird, die nicht
vom Transportweg abhängt und proportional zu m ist. Der Quotient
aus W_{P_0, P_1}^{extern} und m hängt nur von der Lage der Punkte und vom Feld
selbst ab und heißt **Gravitationspotenzial V_{P_0, P_1} des Punktes P_1
bezüglich des Punktes P_0**:

$$V_{P_0, P_1} = \frac{W_{P_0, P_1}^{extern}}{m}$$

Da W_{P_0, P_1}^{extern} gleich der beim Transport eines Probekörpers der Masse
m von P_1 nach P_0 **von den Feldkräften** verrichteten Arbeit W_{P_1, P_0}^{intern}
ist, gilt:

$$V_{P_0, P_1} = \frac{W_{P_1, P_0}^{intern}}{m}$$

7 Das **Gravitationspotenzial** besitzt ausgedrückt durch die SI-Basiseinheiten die **Einheit** $\frac{m^2}{s^2}$.

Die Potenzialstruktur eines Gravitationsfelds lässt sich mit **Äquipo-** **8**
tenziallinien veranschaulichen. Das sind fiktive Kurven, welche die
Gravitationsfeldlinien senkrecht schneiden und längs derer Massen
ohne Arbeitsaufwand verschoben werden können. Alle Punkte einer
Äquipotenziallinie besitzen das gleiche Gravitationspotenzial.
Bei konstanter Potenzialdifferenz zwischen zwei unmittelbar benachbarten Äquipotenziallinien verlaufen diese in einem Bereich umso
dichter, je größer dort der Betrag der Gravitationsfeldstärke ist. Dabei
weist der auf der Äquipotenziallinie senkrecht stehende Feldstärkevektor in Richtung abnehmenden Potenzials.
In Abbildung (→ 19|5) sind die Äquipotenziallinien des Gravitati-
onsfelds der ebenen Scheibe grau gezeichnet. Auch die Höhenlinien
auf einer Landkarte sind Äquipotenziallinien des Gravitationsfelds
der Erde.

Eine Kugel der Masse M
erzeugt ein **radialsymme-**
trisches Gravitationsfeld.
Der Vektor $\vec{G}$ * der Gravitationsfeldstärke ist von
jedem Punkt des Felds aus
radial auf den Kugelmittelpunkt hin gerichtet. Die
Äquipotenziallinien sind
konzentrische Kreise um
den Kugelmittelpunkt.

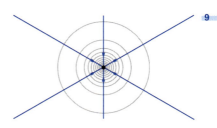
9

Der Vektor $\vec{G}$* der **Gravitationsfeldstärke** besitzt im Abstand r **10**
vom Zentrum **einer Kugel der Masse M** den Betrag

$$G^*(r) = \gamma \cdot \frac{M}{r^2}.$$

Begründung:

$$G^*(r) \overset{(\to 19|3)}{=} \frac{F_{Gr}(r)}{m} \overset{(\to 17|1)}{=} \frac{\gamma \cdot \frac{m \cdot M}{r^2}}{m} = \gamma \cdot \frac{M}{r^2}$$

11 Haben die Punkte P bzw. P_0 die Abstände r bzw. r_0 vom Zentrum einer Kugel mit der Masse M, so besitzt P bezüglich P_0 das Gravitationspotenzial

$$V_{P_0, P} = -\gamma \cdot M \cdot \left(\frac{1}{r_0} - \frac{1}{r} \right).$$

Begründung:

$$V_{P_0, P} \overset{(\to 19|6)}{=} \frac{W_{P_0, P}^{\text{extern}}}{m} \overset{(\to 10|5)}{=} \frac{1}{m} \cdot \int_{r_0}^{r} -F(\rho)\, d\rho$$

$$\overset{(\to 17|1)}{=} \frac{1}{m} \cdot \int_{r_0}^{r} -\gamma \cdot \frac{m \cdot M}{\rho^2}\, d\rho = \frac{1}{m} \cdot \left[\gamma \cdot \frac{m \cdot M}{\rho} \right]_{r_0}^{r}$$

$$= -\gamma \cdot M \cdot \left(\frac{1}{r_0} - \frac{1}{r} \right)$$

12 Der Betrag der Feldstärke des von der Erde erzeugten radialsymmetrischen Gravitationsfelds stimmt auf der Erdoberfläche mit dem Ortsfaktor g ($\to 4|1$) überein.

Begründung:

$$G^*(R_{\text{Erde}}) \overset{(\to 19|10)}{=} \gamma \cdot \frac{M_{\text{Erde}}}{R_{\text{Erde}}^2} \overset{(\to 18|3)}{=} g$$

13 Bezeichnen r_1 bzw. r_2 ($r_1 < r_2$) die Abstände der Punkte P_1 bzw. P_2 vom Erdmittelpunkt, so besitzt ein Körper der Masse m im Punkt P_2 bezüglich des Punkts P_1 im Gravitationsfeld der Erde die **potenzielle Energie**

$$E_{\text{pot}} = \gamma \cdot m \cdot M_{\text{Erde}} \cdot \left(\frac{1}{r_1} - \frac{1}{r_2} \right)$$

Begründung: Um die Masse m von P_1 nach P_2 zu transportieren, ist nach ($\to 19|6$) und ($\to 19|11$) die Arbeit $\gamma \cdot m \cdot M_{\text{Erde}} \cdot \left(\frac{1}{r_1} - \frac{1}{r_2} \right)$ zu verrichten.

Beispiel: Lageenergie

Die potenzielle Energie eines Körpers der Masse m in der Höhe h nahe der Erdoberfläche ($\rightarrow$ 11|4b) folgt als Näherungswert aus ($\rightarrow$ 19|13), indem man für r_1 den Erdradius R_{Erde} und für r_2 den Ausdruck $R_{Erde} + h$ einsetzt (h $\ll R_{Erde}$):

$$E_{pot} = \gamma \cdot m \cdot M_{Erde} \cdot \left(\frac{1}{R_{Erde}} - \frac{1}{R_{Erde} + h} \right)$$

$$\overset{(\rightarrow 18|3)}{=} \quad m \cdot g \cdot R_{Erde}^2 \cdot \left(\frac{1}{R_{Erde}} - \frac{1}{R_{Erde} + h} \right)$$

$$= m \cdot g \cdot R_{Erde} \cdot \left(1 - \frac{R_{Erde}}{R_{Erde} + h} \right)$$

$$= m \cdot g \cdot R_{Erde} \cdot \left(1 - \frac{1}{1 + \frac{h}{R_{Erde}}} \right)$$

$$\approx m \cdot g \cdot R_{Erde} \cdot \left(1 - (1 - \frac{h}{R_{Erde}}) \right) = m \cdot g \cdot h$$

Beim Übergang zur letzten Zeile nutzt man die Näherungsformel $\frac{1}{1+x} \approx 1 - x$ für $x \ll 1$.

20 Planeten- und Erdsatellitenbewegungen

Planetenbewegung

Im **geozentrischen Weltbild** des **Ptolemäus** (70–147 n. Chr.), das bis zum Beginn der Neuzeit galt, steht die Erde im Mittelpunkt des Weltalls und wird von der Sonne, dem Mond und den Planeten umkreist.

Nikolaus **Kopernikus** (1473–1543) gelangte aufgrund mathematischer Unstimmigkeiten ab 1507 zu der Erkenntnis, dass die Sonne das Zentrum des Weltalls bildet und von den Planeten umkreist wird. Dieses **heliozentrische Weltbild** wurde später von **Kepler**, **Galilei** und **Newton** bestätigt.

3 Johannes **Kepler** (1571–1630) formulierte mithilfe von Daten des Tycho Brahe (1546–1601) **drei Gesetze** für die Bewegung der Planeten um die Sonne.

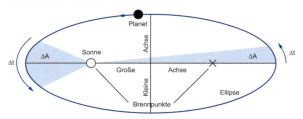

1. Alle Planeten bewegen sich auf Ellipsenbahnen, in deren gemeinsamen Brennpunkt die Sonne steht.
2. Der Fahrstrahl von der Sonne zu einem Planeten überstreicht in gleichen Zeitspannen Δt gleich große Flächenstücke ΔA.
3. Die Quadrate der Umlaufzeiten T_1 bzw. T_2 zweier Planeten verhalten sich wie die dritten Potenzen der großen Halbachsen a_1 bzw. a_2 ihrer Bahnellipsen:

$$\frac{T_1^2}{T_2^2} = \frac{a_1^3}{a_2^3}$$

4 Die Kepler'schen Gesetze lassen sich aus Newton's Gravitationsgesetz (→ 17|1) herleiten. Sie geben die Planetenbewegungen nicht exakt wieder, weil sie die Massenanziehung der Planeten untereinander nicht berücksichtigen.

5 Grundwissen über das Planetensystem
- Die acht **Planeten** Merkur, Venus, Erde, Mars, Jupiter, Saturn, Uranus und Neptun unseres Planetensystems sowie mehrere Zwergplaneten (u. a. Pluto) bewegen sich im gleichen Umlaufsinn annähernd in der gleichen Ebene, der **Ekliptik**, um die Sonne.
- **Zwergplaneten** unterscheiden sich von den Planeten dadurch, dass im Gegensatz zu diesen ihre Umlaufbahn nicht von anderen Objekten frei geräumt ist und sie daher nicht der dominierende Himmelskörper längs dieser Bahn sind.

- Die **Ellipsenform** der meisten **Planetenbahnen** ist nur **schwach ausgeprägt**. Würde man mit einem Zirkel einen Kreis mit Radius 10 cm zeichnen und die Planetenbahnen jeweils entsprechend verkleinern, so würden die Bahnellipsen längs des gesamten Umfangs innerhalb der Breite des Bleistiftstrichs liegen. Nur bei Merkur und Pluto gäbe es kleine Abweichungen.

- Für den nach dem 3. Kepler'schen Gesetz konstanten Wert des Quotienten aus dem Quadrat der Umlaufzeit und der 3. Potenz der großen Halbachse erhält man mit den zur Erde gehörenden Daten $T = 3{,}156 \cdot 10^7$ s und $a = 1{,}50 \cdot 10^{11}$ m $= 1$ AE (astronomische Einheit: Abstand Erde–Sonne):

$$\frac{T^2}{a^3} = 2{,}95 \cdot 10^{-19} \ \frac{s^2}{m^3}$$

- Unter Verwendung dieses Werts lassen sich aus den Umlaufzeiten der Planeten ihre großen Halbachsen berechnen und damit die auf der folgenden Seite abgebildete Karte unseres Planetensystems zeichnen.

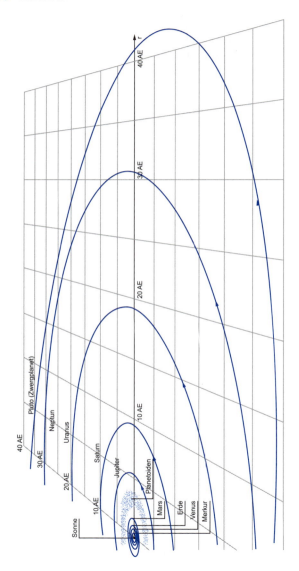

Bewegung von Erdsatelliten

Da Erdsatelliten stets eine zum Erdmittelpunkt gerichtete Gravitationskraft erfahren, verlaufen ihre Umlaufbahnen in Ebenen, die den Erdmittelpunkt enthalten.

Wird ein Satellit S im Abstand r_0 vom Erdmittelpunkt Z senkrecht zu SZ mit der Geschwindigkeit $\vec{v}_0$ gestartet, so bewegt er sich unabhängig von seiner Masse auf einer

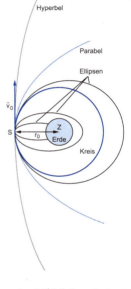

a) **Hyperbelbahn**, wenn

$$v_0 > \sqrt{2 \cdot \gamma \cdot \frac{M_{Erde}}{r_0}}$$

b) **Parabelbahn**, wenn

$$v_0 = \sqrt{2 \cdot \gamma \cdot \frac{M_{Erde}}{r_0}}$$

c) **Ellipsenbahn**, wenn

$$v_0 < \sqrt{2 \cdot \gamma \cdot \frac{M_{Erde}}{r_0}}$$

d) **Kreisbahn**, wenn

$$v_0 = \sqrt{\gamma \cdot \frac{M_{Erde}}{r_0}}$$

Ohne größeren Rechenaufwand lässt sich nur (→ 20|7d) begründen: Für einen auf einer Kreisbahn um den Erdmittelpunkt mit Radius r_0 umlaufenden Satelliten der Masse m ist in jedem Bahnpunkt die Zentripetalkraft F_Z gleich der Gravitationskraft F_{Gr}. Unter Verwendung von (→ 15|1) und (→ 17|1) gilt daher:

$$\frac{m \cdot v_0^2}{r_0} = \gamma \cdot \frac{m \cdot M_{Erde}}{r_0^2}$$

Durch Kürzen von m und Auflösen nach v_0 folgt (→ 20|7d).

8 Läuft ein **Satellit auf** einer **Kreisbahn um** die **Erde**, so besteht zwischen der **Umlaufzeit T** und dem **Kreisbahnradius r** der Zusammenhang:

$$r = \sqrt[3]{\gamma \cdot \frac{M_{Erde} \cdot T^2}{4\pi^2}}$$

Begründung: Einsetzen von $r = r_0$ und $v_0 = \frac{2r \cdot \pi}{T}$ in ($\rightarrow$ 20|7d) und Auflösen nach r ergibt ($\rightarrow$ 20|8).

9 Nachrichtensatelliten kreisen auf **geostationären Umlaufbahnen** um die Erde. Das sind äquatoriale Kreisbahnen, die der Satellit in exakt einem Tag durchläuft. Er befindet sich dann stets über demselben Ort über der Erdoberfläche. Nach ($\rightarrow$ 20|8) besitzt eine geostationäre Umlaufbahn den **Radius**:

$$r = \sqrt[3]{\gamma \cdot \frac{M_{Erde} \cdot T^2}{4\pi^2}}$$

$$= \sqrt[3]{6{,}6742 \cdot 10^{-11} \frac{m^3}{kg \cdot s^2} \cdot \frac{5{,}968 \cdot 10^{24}\ kg \cdot (86\,400\ s)^2}{4\pi^2}}$$

$$= 42\,230\ km$$

10 Wird ein Körper an der Erdoberfläche mit der Geschwindigkeit

$$v_{K_1} = \sqrt{\gamma \cdot \frac{M_{Erde}}{R_{Erde}}}$$

horizontal abgeworfen, so bewegt er sich nach ($\rightarrow$ 20|7d) auf einer Kreisbahn vom Radius R_{Erde} um die Erde und kehrt nicht mehr zur Erdoberfläche zurück. v_{K_1} **besitzt den numerischen Wert**

$$v_{K_1} = \sqrt{\gamma \cdot \frac{M_{Erde}}{R_{Erde}}} = \sqrt{6{,}6742 \cdot 10^{-11} \frac{m^3}{kg \cdot s^2} \cdot \frac{5{,}968 \cdot 10^{24}\ kg}{6{,}371 \cdot 10^6\ m}}$$

$$= 7{,}9 \frac{km}{s}$$

und heißt **erste kosmische Geschwindigkeit**.

Die Anfangsgeschwindigkeit v_{K_2}, die ein antriebsloser Körper beim **11**
Start auf der Erdoberfläche mindestens besitzen muss, um das Gravitationsfeld der Erde verlassen zu können, heißt **zweite kosmische Geschwindigkeit**. Es gilt:

$$v_{K_2} = \sqrt{2\gamma \cdot \frac{M_{Erde}}{R_{Erde}}} = \sqrt{2} \cdot v_{K_1} = \sqrt{2} \cdot 7{,}9 \frac{km}{s} = \mathbf{11{,}2} \frac{km}{s}$$

Begründung: Die kinetische Energie beim Start muss mindestens so groß sein wie die Hubarbeit, die im Gravitationsfeld der Erde beim Transport des Körpers von $r_1 = R_{Erde}$ nach $r_2 = \infty$ verrichtet wird (→ 19|13). Aus

$$\frac{1}{2} m \cdot v_{K_2}^2 = \gamma \cdot m \cdot M_{Erde} \cdot \left(\frac{1}{r_1} - \frac{1}{r_2} \right)$$

folgt durch Kürzen von m und Auflösen nach v_{K_2} zunächst

$$v_{K_2} = \sqrt{2\gamma \cdot M_{Erde} \cdot \left(\frac{1}{r_1} - \frac{1}{r_2} \right)}$$

und hieraus (→ 20|8) durch Einsetzen von $r_1 = R_{Erde}$ und $r_2 = \infty$.

21 Träge und schwere Masse

Das Trägheitsverhalten eines frei beweglichen Körpers lässt sich **1**
durch seine **träge Masse m_T** beschreiben. Darunter versteht man den Quotient aus den Beträgen der Kraft F und der Beschleunigung a, die der Körper unter der Einwirkung dieser Kraft erfährt (→ 7|4):

$$m_T := \frac{F}{a}$$

Die träge Masse bestimmt, wie stark ein frei beweglicher Körper durch eine an ihm angreifende Kraft beschleunigt wird.

Das von seinem Bewegungszustand unabhängige Verhalten eines **2**
Körpers in einem Gravitationsfeld lässt sich durch seine **schwere Masse m_S** beschreiben. Darunter versteht man den Quotienten aus

den am gleichen Ort gemessenen Beträgen der Gravitationskraft F_{Gr} auf den Körper und der Gravitationsfeldstärke G* (→ 19|3):

$$m_S := \frac{F_{Gr}}{G^*}$$

Die schwere Masse bestimmt, welche Kraft ein Körper im Gravitationsfeld eines anderen Körpers erfährt.

3 Die Differenzierung zwischen träger und schwerer Masse ist im Rahmen der klassischen, d. h. Newton'schen Physik unabdingbar, weil es sich dabei begrifflich um völlig verschiedene Körpereigenschaften handelt.

4 Durch Präzisionsmessungen wurde nachgewiesen, dass die **träge** und die **schwere Masse** eines Körpers zueinander **proportional** sind. Wählt man für die Festlegung der Einheiten der beiden Massen den gleichen Normkörper, so sind die Maßzahlen von träger und schwerer Masse für jeden Körper gleich. Zwischen beiden Massen braucht daher formal nicht mehr unterschieden zu werden (sogenanntes schwaches Äquivalenzprinzip).

Mechanische Schwingungen

22 Begriffe und Größen zur Beschreibung mechanischer Schwingungen

Jedes schwingungsfähige mechanische System besitzt eine stabile **1**
Gleichgewichtslage. Wird es daraus ausgelenkt und sich selbst über-
lassen, so vollführt es unter dem Einfluss einer Rückstellkraft und
infolge der Trägheit seiner Masse periodische und zeitlich symmetri-
sche Hin- und Herbewegungen um seine Gleichgewichtslage, die man
Schwingungen nennt. Der schwingende Massenpunkt heißt Schwinger oder Oszillator. Kann man von Reibungsverlusten absehen, nehmen die variablen mechanischen Größen nach gleichen Zeitintervallen immer dieselben Werte an.

Beispiele: Schwingungsfähige, mechanische Systeme **2**

a) **Vertikales Federpendel:**
Eine am unteren Ende einer
vertikal aufgehängten Schraubenfeder angebrachte Masse m
schwingt längs der Schrauben-
achse.

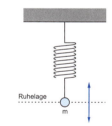

b) **Horizontales Federpendel:**
Eine Masse, die zwischen zwei
horizontal und koaxial hintereinander liegenden, je einseitig
befestigten Schraubenfedern
angebracht ist, schwingt längs
der gemeinsamen Achse.

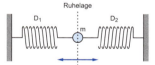

c) **Flüssigkeitssäule in einem U-Rohr:**
Eine Flüssigkeit schwingt in einem U-Rohr mit konstantem Querschnitt um den Ruhepegel.

d) **Fadenpendel:**
Eine an einem Faden der Länge ℓ vertikal aufgehängte Masse m schwingt in einer Vertikalebene auf dem Teil eines Kreisbogens.

3 Zur Beschreibung mechanischer Schwingungen verwendet man folgende Begriffe und Größen:

a) Die **Periode** oder **Schwingungsdauer T** bezeichnet die kleinste Zeitspanne, nach der alle die Schwingung charakterisierenden physikalischen Größen wieder denselben Wert annehmen.
T besitzt die Einheit s.

b) Als **Frequenz f** bezeichnet man die Zahl der Schwingungen pro Zeiteinheit. Es gilt:

$$f = \frac{1}{T}.$$

f besitzt die Einheit $\frac{1}{s}$. Gebräuchlich ist auch die abgeleitete Einheit Hertz (Einheitenzeichen Hz).

c) Der momentane, sich mit der Zeit t ändernde und orientierte Abstand x(t) des schwingenden Körpers von seiner Ruhelage heißt **Elongation**.

d) Den Betrag der maximalen Elongation nennt man **Amplitude**.

e) Wird die Elongation x(t) einer mechanischen Schwingung durch eine Funktion der Form $x(t) = A \cdot \sin(\omega \cdot t + \varphi_0)$ beschrieben, so spricht man von einer **harmonischen Schwingung**.

f) Der üblicherweise im Bogenmaß angegebene Term $\omega \cdot t + \varphi_0$ bestimmt den Schwingungszustand und wird **Phase** oder **Phasenwinkel** genannt.

g) φ_0 heißt **Phasenkonstante** und wird ebenfalls im Bogenmaß angegeben. φ_0 beschreibt den Schwingungszustand am Beginn der Zeitrechnung ($t = 0$ s). Insbesondere
  - geht der Schwinger bei $t = 0$ s in positiver Richtung durch die Ruhelage, wenn $\varphi_0 = 0$;
  - befindet sich der Schwinger bei $t = 0$ s im positiven Umkehrpunkt, wenn $\varphi_0 = \frac{\pi}{2}$;
  - geht der Schwinger bei $t = 0$ s in negativer Richtung durch die Ruhelage, wenn $\varphi_0 = \pi$;
  - befindet sich der Schwinger bei $t = 0$ s im negativen Umkehrpunkt, wenn $\varphi_0 = \frac{3\pi}{2}$;

h) ω heißt **Kreisfrequenz**, weil eine harmonische Schwingung die eindimensionale Projektion der gleichförmigen Bewegung eines Massenpunkts mit der Winkelgeschwindigkeit ω auf einer Kreisbahn vom Radius A ist ($\rightarrow 14|8$b). ω besitzt die Einheit $\frac{1}{s}$.

Die **Kreisfrequenz** ω lässt sich wie die Winkelgeschwindigkeit **4** ($\rightarrow 14|1$) mithilfe der Schwingungsdauer T bzw. der Frequenz f ausdrücken:

a) $\omega = \dfrac{2\pi}{T}$

b) $\omega = 2\pi \cdot f$

Begründung: Nach ($\rightarrow 22|3$a) ist T der kleinste Wert, für den gilt $x(T) = x(0)$. Unter Verwendung von ($\rightarrow 22|3$e) erhält man nach Kürzen mit A zunächst

$\sin(\omega \cdot T + \varphi_0) = \sin(\varphi_0)$

und hieraus unter Berücksichtigung der Minimaleigenschaft von T:

$\omega \cdot T = 2\pi$

Durch Auflösen nach ω folgt hieraus zunächst ($\rightarrow 22|4$a) und weiter unter Berücksichtigung von $f = \frac{1}{T}$ ($\rightarrow 22|4$b).

23 Harmonische Schwingungen

1 Jede mechanische Schwingung, bei der die **Rückstellkraft** F_r **proportional zur Elongation** $x(t)$ ist, lässt sich mathematisch durch die **Differenzialgleichung**

$$\ddot{x}(t) + \frac{D}{m} \cdot x(t) = 0$$

beschreiben. m bezeichnet dabei die Masse des Schwingers und D die **Richtgröße des Systems**. Darunter versteht man die Proportionalitätskonstante im Gesetz $F_r = -D \cdot x(t)$ für die Rückstellkraft.

Begründung: Die Rückstellkraft $F_r = -D \cdot x$ bewirkt nach dem 2. Newton'schen Gesetz (→ 7|4) eine Beschleunigung $a = \ddot{x}$ (→ 1|12) der Masse m, sodass $m \cdot \ddot{x} = -D \cdot x$. Dividiert man diese Gleichung beiderseits mit m und löst nach $\ddot{x}$, gelangt man zu (→ 23|1).

2 Die **Lösungen dieser Differenzgleichung** sind ausschließlich Funktionen der Form

$$x(t) = A \cdot \sin(\omega \cdot t + \varphi_0) \quad \text{mit } \omega = \sqrt{\frac{D}{m}},$$

wobei A und φ_0 beliebige Werte annehmen dürfen. Die Schwingung ist also **harmonisch** (→ 22|3e).

Begründung: Einsetzen von $\ddot{x}(t) = -\omega^2 \cdot A \cdot \sin(\omega \cdot t + \varphi_0)$ sowie $x(t) = A \cdot \sin(\omega \cdot t + \varphi_0)$ in die Differenzialgleichung führt auf:

$$\left(-\omega^2 + \frac{D}{m}\right) \cdot A \cdot \sin(\omega \cdot t + \varphi_0) = 0$$

Da $x(t) = A \cdot \sin(\omega \cdot t + \varphi_0)$ eine zeitabhängige, von der Nullfunktion verschiedene Funktion ist, ist diese Gleichung nur dann für alle Zeiten t erfüllt, wenn

$$-\omega^2 + \frac{D}{m} = 0 \quad \text{bzw.} \quad \omega = \sqrt{\frac{D}{m}}.$$

Andererseits lässt sich (mit Mitteln außerhalb der Schulmathematik) zeigen, dass jede Lösung der Differenzialgleichung (→ 23|1) eine Funktion der Form

$$x(t) = A \cdot \sin\left(\sqrt{\frac{D}{m}} \cdot t + \varphi_0\right)$$

mit beliebig wählbarem A und φ_0 ist.

Nach $(\rightarrow 23|1)$ und $(\rightarrow 23|2)$ werden harmonische Schwingungen **3** nur von Rückstellkräften hervorgerufen, die einem **linearen** Kraftgesetz der Form $F_r = -D \cdot x(t)$ gehorchen.

Für die **Schwingungsdauer T** einer harmonischen Schwingung gilt: **4**

$$\mathbf{T = 2\pi \cdot \sqrt{\frac{m}{D}}}$$

T hängt nicht von der Amplitude A ab.

Begründung: Man erhält die angegebene Beziehung, wenn man

$$\omega = \sqrt{\frac{D}{m}} \; (\rightarrow 23|2) \text{ und } \omega = \frac{2\pi}{T} \; (\rightarrow 22|4a)$$

gleichsetzt und nach T auflöst.

Führt ein System der Richtgröße D und der Masse m eine harmoni- **5** sche Schwingung der Form $x(t) = A \cdot \sin(\omega \cdot t + \varphi_0)$ aus, so gilt für seine

a) **Momentangeschwindigkeit**:

$$v(t) = \sqrt{\frac{D}{m}} \cdot A \cdot \cos(\omega \cdot t + \varphi_0)$$

Begründung:

$$v(t) \overset{(\rightarrow 1|4)}{=} \dot{x}(t) = \omega \cdot A \cdot \cos(\omega \cdot t + \varphi_0)$$

$$\overset{(\rightarrow 23|2)}{=} \sqrt{\frac{D}{m}} \cdot A \cdot \cos(\omega \cdot t + \varphi_0)$$

b) **Momentanbeschleunigung**:

$$a(t) = -\frac{D}{m} \cdot A \cdot \sin(\omega \cdot t + \varphi_0)$$

Begründung:

$$a(t) \overset{(\to 1|12)}{=} \ddot{x}(t) = -\omega^2 \cdot A \cdot \sin(\omega \cdot t + \varphi_0)$$

$$\overset{(\to 23|2)}{=} -\frac{D}{m} \cdot A \cdot \sin(\omega \cdot t + \varphi_0)$$

c) **kinetische Energie**:

$$E_{kin}(t) = \frac{1}{2} D \cdot A^2 \cdot [\cos(\omega \cdot t + \varphi_0)]^2$$

Begründung:

$$E_{kin}(t) \overset{(\to 11|4)}{=} \frac{1}{2} m \cdot v^2(t)$$

$$\overset{(\to 23|5a)}{=} \frac{1}{2} m \cdot \left[\sqrt{\frac{D}{m}} \cdot A \cdot \cos(\omega \cdot t + \varphi_0) \right]^2$$

$$= \frac{1}{2} D \cdot A^2 \cdot [\cos(\omega \cdot t + \varphi_0)]^2$$

d) **potenzielle Energie**:

$$E_{pot}(t) = \frac{1}{2} D \cdot A^2 \cdot [\sin(\omega \cdot t + \varphi_0)]^2$$

Begründung: Eine Kraft der Form $F = -D \cdot x$ verrichtet längs des Weges x eine Arbeit vom Betrag ($\to 10|9$):

$$W = \frac{1}{2} D \cdot x^2 = \frac{1}{2} D \cdot [A \cdot \sin(\omega \cdot t + \varphi_0)]^2$$

$$= \frac{1}{2} D \cdot A^2 \cdot [\sin(\omega \cdot t + \varphi_0)]^2$$

e) **Gesamtenergie**:

$$E_{ges}(t) = \frac{1}{2} D \cdot A^2 = \text{konst.} \quad \text{bzw.}$$

$$E_{ges}(t) = \frac{1}{2} m \cdot A^2 \cdot \omega^2 = \text{konst.}$$

Eine harmonische Schwingung gehorcht also dem Energieerhaltungssatz.

Begründung:

$$E_{ges}(t) = E_{kin}(t) + E_{pot}(t)$$

$$\overset{(\rightarrow 23|5c;d)}{=} \frac{1}{2}D \cdot A^2 \cdot \underbrace{\left([\cos(\omega \cdot t + \varphi_0)]^2 + [\sin(\omega \cdot t + \varphi_0)]^2\right)}_{=1}$$

$$= \frac{1}{2} \cdot D \cdot A^2$$

Unter Beachtung von $D = m \cdot \omega^2$ ($\rightarrow 23|2$) ergibt sich die zweite Beziehung $E_{ges}(t) = \frac{1}{2}m \cdot A^2 \cdot \omega^2$.

Den für $\varphi_0 = 0$ gezeichneten Graphen einer harmonischen Schwingung entnimmt man: **6**

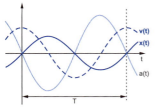 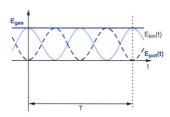

- Beschleunigung und Auslenkung erreichen dem Betrag nach maximale Werte, wenn die Geschwindigkeit null ist.
- Beschleunigung und Elongation sind null, wenn die Geschwindigkeit dem Betrag nach ihren maximalen Wert besitzt.
- Potenzielle und kinetische Energie wandeln sich periodisch ineinander um.
- In den Umkehrpunkten ist die potenzielle Energie maximal und die kinetische Energie null.
- Beim Durchgang durch die Ruhelage ist die potenzielle Energie null und die kinetische Energie maximal.

Beispiele: Harmonische Schwingungen **7**

a) Beim **vertikalen Federpendel** ($\rightarrow 22|2a$) der Federhärte D wirkt jeder Auslenkung x die Hooke'sche Kraft $F_{Hooke} = -D \cdot x$ ($\rightarrow 8|5$) als Rückstellkraft entgegen. Die **Richtgröße** dieses Systems ist die **Federhärte**.

Das System vollführt harmonische Schwingungen mit der Schwingungsdauer (→ 23|4)

$$T = 2\pi \cdot \sqrt{\dfrac{m}{D}}.$$

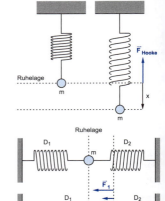

b) Im Falle des **horizontalen Federpendels** (→ 22|2b) ergibt sich die Rückstellkraft als Summe der stets entgegen zur Auslenkung wirkenden Hooke'schen Kräfte der einzelnen Federn:

$$\begin{aligned} F_r &= F_1 + F_2 \\ &= -D_1 \cdot x - D_2 \cdot x \\ &= -(D_1 + D_2) \cdot x \end{aligned}$$

Die **Richtgröße** dieses Systems ist die **Summe der Federhärten**:

$$D = D_1 + D_2$$

Das System führt harmonische Schwingungen aus und besitzt die **Schwingungsdauer** (→ 23|4)

$$T = 2\pi \cdot \sqrt{\dfrac{m}{D_1 + D_2}}.$$

c) Wird eine **Flüssigkeit** der Dichte ρ und der Gesamtlänge ℓ_0 **in einem** Schenkel eines **U-Rohr** mit Innenquerschnitt A um x über den Ruhepegel gehoben, bewirkt die Gewichtskraft der Flüssigkeitssäule (→ 22|2c) mit der Höhe 2x die Rückstellkraft:

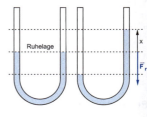

$$F_r = -m^* \cdot g = -\rho \cdot V^* \cdot g = -\rho \cdot A \cdot 2x \cdot g = -(2\rho \cdot A \cdot g) \cdot x$$

Für die **Richtgröße** dieses Systems gilt:

$$D = 2\rho \cdot g \cdot A$$

Da die Flüssigkeit die Gesamtmasse

$$m = \rho \cdot V = \rho \cdot A \cdot \ell_0$$

besitzt, vollführt das System harmonische Schwingungen mit der
Schwingungsdauer ($\rightarrow$ 23|4)

$$T = 2\pi \cdot \sqrt{\frac{m}{D}} = 2\pi \cdot \sqrt{\frac{\rho \cdot A \cdot \ell_0}{2\rho \cdot g \cdot A}} = \pi \cdot \sqrt{\frac{2\ell_0}{g}}.$$

d) Beim **Fadenpendel** ($\rightarrow$ 22|2d)
wird die Rückstellkraft F_r durch
die Komponente der Gewichts-
kraft F_G ($\rightarrow$ 8|1) bewirkt, die
senkrecht auf der momentanen
Fadenrichtung steht. Für ihren
Betrag gilt:

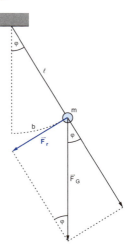

$$F_r = m \cdot g \cdot \sin \varphi$$

Wählt man als Auslenkung die
Länge b des Bogenstücks, so
ergibt sich wegen $b = \ell \cdot \varphi$:

$$F_r = m \cdot g \cdot \sin\left(\frac{b}{\ell}\right)$$

Die **Rückstellkraft ist nicht
proportional zur Auslenkung**,
die **Schwingungen** des Faden-
pendels sind **nicht harmonisch**.

Nur **bei kleiner Auslenkung**, wenn die Näherung

$$\sin \frac{b}{\ell} \approx \frac{b}{\ell}$$

zulässig ist, ergibt sich aus $F_r \approx \frac{m \cdot g}{\ell} \cdot b$ die **Richtgröße**

$$D = \frac{m \cdot g}{\ell}$$

und hieraus als **Schwingungsdauer** ($\rightarrow$ 23|4)

$$T = 2\pi \cdot \sqrt{\frac{m}{\frac{m \cdot g}{\ell}}} = 2\pi \cdot \sqrt{\frac{\ell}{g}}.$$

24 Gedämpfte Schwingungen

1 Eine mechanische Schwingung heißt **gedämpft**, wenn die Schwingbewegung allmählich abklingt. Dämpfungsursache ist die Umwandlung von mechanischer Energie in andere Energieformen.

2 Beruht die Dämpfung eines schwingungsfähigen, mechanischen Systems der Richtgröße D ($\rightarrow$ 23|1) ausschließlich auf Reibungskräften, die proportional zur Momentangeschwindigkeit ($\rightarrow$ 1|4) des Schwingers sind, lässt sich die Schwingung mathematisch durch die **Differenzialgleichung**

$$m \cdot \ddot{x}(t) + r \cdot \dot{x}(t) + D \cdot x(t) = 0$$

beschreiben. m bezeichnet dabei die Masse des Schwingers, $x(t)$ seine Elongation ($\rightarrow$ 22|3c) und r die Proportionalitätskonstante im Kraftgesetz $F_R = -r \cdot v(t) = -r \cdot \dot{x}$ für die Reibungskraft.

Begründung: Die auf die Masse m wirkende Kräftesumme aus der Rückstellkraft $F_r = -D \cdot x$ und der Reibungskraft $F_R = -r \cdot \dot{x}$ bewirkt nach dem 2. Newton'schen Gesetz ($\rightarrow$ 7|4) eine Beschleunigung $a = \ddot{x}$ ($\rightarrow$ 1|12), sodass $m \cdot \ddot{x}(t) = -D \cdot x(t) - r \cdot \dot{x}(t)$ gilt.

3 Durch Nachrechnen findet man, dass bei **schwacher Dämpfung**, d. h. für $r < 2\sqrt{D \cdot m}$, jede Funktion der Form

$$x(t) = A \cdot e^{-\frac{r}{2m} \cdot t} \cdot \sin(\omega \cdot t + \varphi_0) \text{ mit } \omega = \sqrt{\frac{D}{m} - \frac{r^2}{4m^2}}$$

für alle Werte von A und φ_0 Lösung dieser Differenzialgleichung ist.

4 Die **Amplitude** der Schwingung ($\rightarrow$ 24|3) nimmt nach einer Exponentialfunktion ab:

$$A(t) = A \cdot e^{-\frac{r}{2m} \cdot t}$$

Ihre **Kreisfrequenz** ω ist stets **kleiner** als die Kreisfrequenz ω_0 der zugehörigen ungedämpften Schwingung ($\rightarrow$ 23|2).

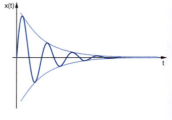

Begründung:

$$\omega \overset{(\rightarrow 23|3)}{=} \sqrt{\frac{D}{m} - \underbrace{\frac{r^2}{4m^2}}_{>0}} < \sqrt{\frac{D}{m}} = \omega_0$$

Als Maß für die Dämpfung dient das **logarithmische Dekrement** Δ. Darunter versteht man den natürlichen Logarithmus des Verhältnisses zweier um die Schwingungsdauer T aufeinander folgender maximaler Auslenkungen. Es gilt:

$$\Delta = \frac{r}{2m} \cdot T$$

Begründung:

$$\Delta = \ln\left(\frac{x(n \cdot T)}{x((n+1) \cdot T)}\right) = \ln\left(\frac{A \cdot e^{-\frac{r}{2m} \cdot n \cdot T}}{A \cdot e^{-\frac{r}{2m} \cdot (n+1) \cdot T}}\right) = \ln\left(e^{+\frac{r}{2m} \cdot T}\right)$$

$$= \frac{r}{2m} \cdot T$$

Für $r \geq 2\sqrt{D \cdot m}$ liegt **starke Dämpfung** vor, das System führt dann keine Schwingungen mehr aus. Man unterscheidet hier zwischen dem **Kriech-** und dem **aperiodischen Grenzfall**.

a) Im **Kriechfall** gilt $r > 2\sqrt{D \cdot m}$. Die Elongation nimmt nach kurzem Anstieg wieder ab:

$$x(t) = \frac{A}{2} \cdot e^{-\frac{r}{2m} \cdot t} \cdot \left(e^{\sqrt{\frac{r^2}{4m^2} - \frac{D}{m}} \cdot t} - e^{-\sqrt{\frac{r^2}{4m^2} - \frac{D}{m}} \cdot t}\right)$$

b) Der **aperiodische Grenzfall** ist durch $r = 2\sqrt{D \cdot m}$ definiert. Die Elongation verläuft ähnlich wie im Kriechfall, geht jedoch in der kürzest möglichen Zeit gegen null:

$$x(t) = A \cdot t \cdot e^{-\frac{r}{2m} \cdot t}$$

25 Entdämpfung mechanischer Schwingungen

1 Die **Entdämpfung** einer mechanischen Schwingung, also die Aufrechterhaltung einer konstanten Amplitude, wird erreicht, indem man dem schwingenden System die Verluste an mechanischer Energie zum richtigen Zeitpunkt und im Rhythmus der Schwingung von einem äußeren Energiespeicher wieder zuführt. In der Praxis kann auch eine phasenrichtige, stoßweise Energiezufuhr nach mehreren Schwingungen (→ 25|4) genügen.

2 Wird in einer Versuchsanordnung die phasenrichtige periodische Energiezufuhr vom Schwinger selbst gesteuert, spricht man von einer **Rückkopplungsvorrichtung**.

3 Die Skizze zeigt, wie bei einem vertikalen Federpendel durch **elektromechanische Rückkopplung** ungedämpfte Schwingungen erzeugt werden können.
Sobald der Schwinger die als Schalter S_1 fungierende Blattfeder nach unten drückt, fließt durch den Elektromagneten Strom, die Blattfeder S_2 wird angezogen, dem Federpendel Energie zugeführt und der Schalter S_1 wieder geöffnet.

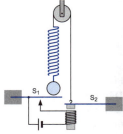

4 Beim **magnetisch gesteuerten Schwerependel** wird die Energie erst nach einigen Schwingungen zugeführt. Hier gleitet ein Hilfspendel bei großer Amplitude pro Schwingung zweimal über eine Kerbe hinweg (a, b, c), bei kleiner Amplitude verfängt es sich (f) und schließt den Kontakt. Dadurch wird ein Elektromagnet eingeschaltet, der die ferromagnetische Pendelmasse kurzfristig anzieht und ihr so viel Energie zuführt, dass das Hilfspendel bei den nächsten Schwingungen wieder über die Kontaktkerbe hinweggleitet.

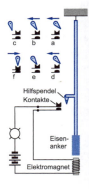

26 Erzwungene mechanische Schwingungen

Wird ein schwingungsfähiges mechanische System aus der Ruhelage ausgelenkt und sich selbst überlassen, vollführt es **freie**, gedämpfte oder im Idealfall ungedämpfte **Schwingungen** mit einer Frequenz, die ausschließlich durch seine Bauart bedingt ($\rightarrow 23|7a-d$) ist und **Eigenfrequenz** genannt wird.
Greift an ihm aber von außen eine periodisch veränderliche Kraft an, so schwingt es nach kurzer Zeit nur noch mit deren Kreisfrequenz. Diese Schwingung bezeichnet man als **erzwungene Schwingung**.

Wird die freie Schwingung durch die Differenzialgleichung

$$m \cdot \ddot{x}(t) + r \cdot \dot{x}(t) + D \cdot x(t) = 0$$

beschrieben ($\rightarrow 24|2$) und gilt für den Betrag der äußeren, periodisch veränderlichen Kraft

$$F_{ext}(t) = F_0 \cdot \cos(\omega_{ext} \cdot t),$$

so genügt die **erzwungene Schwingung** der **Differenzialgleichung**

$$\mathbf{m \cdot \ddot{x}(t) + r \cdot \dot{x}(t) + D \cdot x(t) = F_0 \cdot \cos(\omega_{ext} \cdot t).}$$

Unter Verwendung dieser Differenzialgleichung lässt sich durch aufwändige Rechnungen zeigen, dass für die **Elongation der erzwungenen Schwingungen** gilt

$$x(t) = \frac{F_0}{\sqrt{m^2 \cdot (\omega_0^2 - \omega_{ext}^2)^2 + r^2 \cdot \omega_{ext}^2}} \cdot \cos(\omega_{ext} \cdot t - \varphi),$$

worin $\omega_0 = \sqrt{\frac{D}{m}}$ die Eigenfrequenz der freien ungedämpften Schwingung bezeichnet und φ die Phasenverschiebung gegenüber der Erregerschwingung:

$$\varphi = \begin{cases} \arctan\left(\dfrac{r \cdot \omega_{ext}}{m \cdot (\omega_0^2 - \omega_{ext}^2)}\right), & \text{wenn } \omega_{ext} < \omega_0 \\[4mm] \arctan\left(\dfrac{r \cdot \omega_{ext}}{m \cdot (\omega_0^2 - \omega_{ext}^2)}\right) + \pi, & \text{wenn } \omega_{ext} > \omega_0 \end{cases}$$

4 Die Amplitude

$$x_A = \frac{F_0}{\sqrt{m^2 \cdot (\omega_0^2 - \omega_{ext}^2)^2 + r^2 \cdot \omega_{ext}^2}}$$

der erzwungenen Schwingung hängt maßgeblich von der Kreisfrequenz ω_{ext} der äußeren Kraft und vom Grad der Dämpfung ab.

Sie erreicht ihr Maximum, wenn die Erregerfrequenz mit der Eigenfrequenz

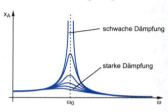

$$\omega = \sqrt{\omega_0^2 - \frac{r^2}{4m^2}}$$

der freien gedämpften Schwingung (→ 24|3) übereinstimmt. Diesen Fall bezeichnet man als **Resonanz**. Das Maximum ist umso ausgeprägter, je schwächer die Dämpfung ist. Bei verschwindender Dämpfung ($\omega = \omega_0$) kann es theoretisch unendlich große Werte annehmen.

5 Die erzwungene Schwingung **eilt** der äußeren Kraft in der Phase stets **hinterher**. Gemäß den Phasenbeziehungen (→ 26|3) schwingen Erreger und Oszillator bei sehr kleinen Erregerfrequenzen fast synchron. Mit zunehmender Erregerfrequenz eilt die Erregerschwingung der Oszillatorschwingung immer weiter voraus. Kurz hinter dem Resonanzfall, nämlich bei

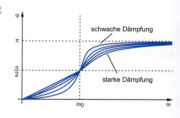

$$\omega_{ext} = \omega_0 = \sqrt{\frac{D}{m}} > \sqrt{\frac{D}{m} - \frac{r^2}{4 \cdot m^2}} = \omega_{Res},$$

beträgt die Phasenvoreilung genau eine Viertelschwingung. Für sehr große Erregerfrequenzen schwingen Erreger und Oszillator fast gegenphasig.

Der Phasenunterschied ($\rightarrow$ 26|3) zwischen Erreger- und Oszillator- **6** schwingungen ist für $\omega_{ext} < \omega_0$ bzw. $\omega_{ext} > \omega_0$ umso deutlicher ausgeprägt, je stärker bzw. schwächer die Dämpfung ist.

Bei erzwungenen Schwingungen wird periodisch Energie vom Erre- **7** ger auf den Oszillator übertragen. Besonders wirkungsvoll geschieht dies im Resonanzfall. Hier unterstützt der um fast 90° phasenversetzt schwingende Erreger in jedem Augenblick die Bewegungstendenz des Oszillators optimal und gewährleistet dadurch eine stetige Erhöhung der Schwingungsenergie des Oszillators.

Dies kann von Vorteil sein, weil eine Schwingung im Resonanzfall mit einem Minimum an Energie aufrecht erhalten werden kann. Die permanente Energiezufuhr im Resonanzfall kann aber auch zu großen Problemen führen, wenn sich die Amplitude bei zu geringer Dämpfung zu stark aufschaukelt und dadurch Brücken, Gebäude, Motoren gefährdet werden (sogenannte **Resonanzkatastrophe**).

Die Gesetzmäßigkeiten erzwungener mechanischer Schwingungen lassen sich z. B. mit der im Bild gezeigten Versuchsanordnung untersuchen. Die waagerecht hin und her schwingende Schubstange eines Exzenters dient als Erreger, das an ihrem freien Ende befestigte Stangenpendel als Oszillator.

Der Dämpfungsgrad wird durch die Wahl der Flüssigkeit bestimmt.

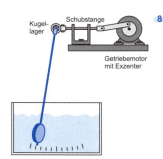

8

Kugel-
lager
Schubstange
Getriebemotor
mit Exzenter

27 Überlagerung von Schwingungen

1 Führt ein Körper mehrere Schwingungen gleichzeitig aus, so überlagern sich diese ohne gegenseitige Störung zur resultierenden Schwingung. Auslenkungen, Geschwindigkeiten und Beschleunigungen addieren sich dabei vektoriell.

2 Zeitaufwändige rechnerische Umformungen zeigen, dass sich bei der Überlagerung zweier sinusförmiger Schwingungen

$$a(t) = a_0 \cdot \sin(\omega \cdot t + \varphi_a) \quad \text{und}$$

$$b(t) = b_0 \cdot \sin(\omega \cdot t + \varphi_b)$$

mit **gleicher Schwingungsrichtung und Frequenz** eine sinusförmige Schwingung dieser Frequenz der Form

$$c(t) = c_0 \cdot \sin(\omega \cdot t + \varphi_c).$$

ergibt, wobei gilt:

$$c_0 = \sqrt{a_0^2 + b_0^2 + 2a_0 \cdot b_0 \cdot \cos(\varphi_b - \varphi_a)}$$

$$\tan\varphi_c = \frac{a_0 \cdot \sin\varphi_a + b_0 \cdot \sin\varphi_b}{a_0 \cdot \cos\varphi_a + b_0 \cdot \cos\varphi_b}$$

3 Bei der Überlagerung zweier sinusförmiger Schwingungen **derselben Schwingungsrichtung aber verschiedener Frequenzen** ergibt sich keine sinusförmige Schwingung mehr.

4 Die resultierende Schwingung (→27|3) ist **periodisch**, wenn der Quotient der Frequenzen der Einzelschwingungen eine rationale Zahl ist.

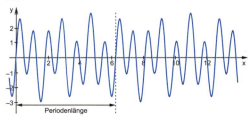

Die Skizze zeigt als Beispiel die aus der Überlagerung zweier sinusförmiger Schwingungen mit dem Frequenzverhältnis $7:3$ resultierende Schwingung.

Überlagern sich zwei sinusförmige Schwingungen

$$x_1(t) = A \cdot \sin(\omega_1 \cdot t) \quad \text{und} \quad x_2(t) = A \cdot \sin(\omega_2 \cdot t)$$

mit **eng beieinander liegenden Kreisfrequenzen** ω_1 und ω_2 und gleichen Amplituden, wird die Resultierende als **Schwebung** bezeichnet. Elementare trigonometrische Umformungen ergeben:

$$\mathbf{x_{ges}(t)} = x_1(t) + x_2(t)$$

$$= 2A \cdot \cos\left(\frac{\omega_1 - \omega_2}{2} \cdot t\right) \cdot \sin\left(\frac{\omega_1 + \omega_2}{2} \cdot t\right)$$

$x_{ges}(t)$ lässt sich als Schwingung mit der Kreisfrequenz $\frac{1}{2}(\omega_1 + \omega_2)$ und der sich periodisch mit der wesentlich kleineren Kreisfrequenz $\frac{1}{2}(\omega_1 - \omega_2)$ ändernden Amplitude $2A \cdot \cos\left(\frac{\omega_1 - \omega_2}{2} \cdot t\right)$ interpretieren.

Die **Schwebungsdauer** T_S ist definiert als die Zeit zwischen zwei aufeinander folgenden Nulldurchgängen der Schwebungsamplitude, sie ist also gleich der halben Schwingungsdauer der Schwebung:

$$T_S = \frac{1}{2} \cdot \frac{2\pi}{\frac{|\omega_1 - \omega_2|}{2}} = \frac{2\pi}{|\omega_1 - \omega_2|}$$

Das Bild zeigt als Beispiel die Schwebung für die Überlagerungsfunktion $\sin(10t) + \sin(11t)$. Die Schwingungsdauer beträgt rund $0{,}6$ s, die Schwebungsdauer $2\pi \approx 6{,}28$ s.

6 Die Überlagerung zweier senkrecht zueinander ablaufender Schwingungen der Form

$$x(t) = A \cdot \sin(\omega_x \cdot t + \varphi) \quad \text{und} \quad y(t) = B \cdot \sin(\omega_y \cdot t)$$

führt auf eine Bahnkurve, die als **Lissajous-Figur** bezeichnet wird.

Ihre mitunter recht verschlungenen Formen hängen vom Amplituden- und Frequenzverhältnis und der Phasendifferenz der Einzelschwingungen ab.

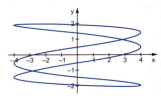

Für $A = 4$, $B = 2$, $\varphi = \frac{\pi}{4}$ und $\omega_x : \omega_y = 3 : 1$ erhält man die im Bild dargestellte Figur.

7 Mithilfe eines Lasers, eines Drehspiegels, zweier Blattfedern mit Spiegel und eines Schirms kann entsprechend der Prinzipskizze rechts die Lissajous-Figur erzeugt werden, die durch Überlagerung der Bewegung einer parallel und einer dazu senkrecht schwingenden Blattfeder entsteht.

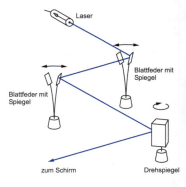

8 Überlagert man genügend viele harmonische Schwingungen geeigneter Frequenz und Amplitude, kann man jede beliebige Schwingungsform beliebig genau annähern.

28 Gekoppelte mechanische Schwingungen

Zwei **schwingungsfähige mechanische Systeme** heißen **gekoppelt**, **1**
wenn sie sich **wechselseitig beeinflussen** können.
Die folgenden Abbildungen zeigen, wie beispielsweise identische
Fadenpendel gekoppelt werden können:

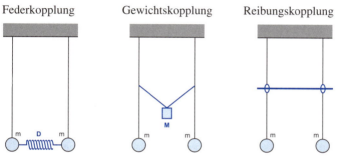

Federkopplung   Gewichtskopplung   Reibungskopplung

Das physikalisch Wesentliche der im Allgemeinen recht komplexen **2**
Vorgänge bei gekoppelten mechanischen Schwingern lässt sich in
der Schule nur exemplarisch darstellen.
So können z. B. zwei identische, über eine weiche Feder gekoppelte
Fadenpendel sogenannte **Eigen**- oder **Fundamentalschwingungen**
ausführen, bei denen kein Energieaustausch zwischen den Pendeln
stattfindet. Bei der

ersten Fundamental-   **zweiten Fundamental-**
schwingung   **schwingung**

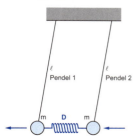
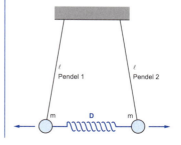

schwingen beide Pendel **phasengleich** mit gleicher Amplitude und mit der Kreisfrequenz (→ 23|7d)

$$\omega_I = \sqrt{\frac{g}{\ell}},$$

die mit der Eigenfrequenz ω_0 eines Fadenpendels der Länge ℓ (→ 23|7d) übereinstimmt. Die Länge der Kopplungsfeder bleibt unverändert.

schwingen beide Pendel **gegenphasig** mit gleicher Amplitude und mit der Kreisfrequenz

$$\omega_{II} = \sqrt{\frac{g}{\ell} + \frac{2 \cdot D}{m}}.$$

Die Kopplungsfeder wird periodisch gedehnt und gestaucht.

3 Die mathematische Analyse zeigt, dass sich die allgemeine Schwingung jedes der beiden gekoppelten Pendel als Überlagerung der zwei Fundamentalschwingungen darstellen lässt. Wenn also für die Elongation eines Pendels bei der ersten Fundamentalschwingung

$$x_I(t) = A \cdot \sin(\omega_I \cdot t)$$

und bei der zweiten Fundamentalschwingung

$$x_{II}(t) = A \cdot \sin(\omega_{II} \cdot t)$$

gilt, ergibt sich die Elongation im Allgemeinfall für ein Pendel zu

$$x_1(t) = x_I(t) + x_{II}(t) = A \cdot (\sin(\omega_I \cdot t) + \sin(\omega_{II} \cdot t))$$

und für das andere zu

$$x_2(t) = x_I(t) - x_{II}(t) = A \cdot (\sin(\omega_I \cdot t) - \sin(\omega_{II} \cdot t)).$$

4 Durch elementare trigonometrische Umformungen der Terme für die Elongationen (→ 28|3) erhält man

$$x_1(t) = 2A \cdot \cos\left(\frac{\omega_I - \omega_{II}}{2} \cdot t\right) \cdot \sin\left(\frac{\omega_I + \omega_{II}}{2} \cdot t\right)$$

$$x_2(t) = 2A \cdot \sin\left(\frac{\omega_I - \omega_{II}}{2} \cdot t\right) \cdot \cos\left(\frac{\omega_I + \omega_{II}}{2} \cdot t\right)$$

$x_1(t)$ und $x_2(t)$ lassen sich nach (→ 27|5) als Schwebungen interpretieren, die um $\frac{\pi}{2}$ in der Phase gegeneinander verschoben sind.

Die Abbildung zeigt die zugehörigen Zeit-Elongations-Diagramme.

Pendel 1

Pendel 2

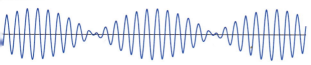

Kommt ein Pendel zur Ruhe, schwingt das andere maximal und um- **5** gekehrt. Zwischen den Pendeln findet daher ein periodischer Energie- austausch statt. Die Geschwindigkeit des Energieübertrags hängt von der Härte der Kopplungsfeder ab.

Eindimensionale mechanische Wellen

29 Entstehung und Ausbreitung linearer harmonischer Wellen

Mechanische Deformationen, die sich in einem elastischen Medium **fortpflanzen**, heißen **elastische Wellen**. Modellhaft stellt man sich die Teilchen des Mediums als identische, gekoppelte Schwinger (→ 28) vor, die im ungestörten Zustand alle ihre Ruhelage einnehmen. Wird eines daraus ausgelenkt, wechselwirkt es infolge der Kopplung mit den benachbarten Schwingern und lenkt diese zeitversetzt aus ihrer Ruhelage aus. Diese bewirken wiederum zeitversetzt eine Auslenkung ihrer Nachbarn aus der Ruhelage – die Deformation breitet sich räumlich und zeitlich im Medium aus. Schwingen die Teilchen des Mediums dabei harmonisch (→ 23) um ihre Ruhelage, so nennt man die **Welle harmonisch**. **1**

Wellen heißen **2**

transversal,	**longitudinal**,
wenn die Teilchen des Mediums	
in einer Ebene senkrecht zur Fortpflanzungsrichtung schwingen.	in Fortpflanzungsrichtung schwingen.

Wellen heißen **eindimensional** oder **linear**, wenn sie sich auf einem eindimensionalen Medium, beispielsweise auf einem Gummiband, einem Federwurm oder in einem gasgefüllten Rohr ausbreiten. **3**

Die beiden folgenden Abbildungen veranschaulichen das Zustandekommen einer linearen harmonischen Transversal- bzw. Longitudinalwelle. **4**
Dargestellt sind jeweils 15 Teilchen eines eindimensionalen, elastischen Mediums, die harmonische Schwingungen mit der gleichen Schwingungsdauer T um ihre Ruhelage ausführen können und deren Abstände so bemessen sind, dass die Fortpflanzung der Erregung zwischen zwei benachbarten Teilchen die Zeit $\frac{T}{12}$ beansprucht.

Transversalwelle	**Longitudinalwelle**

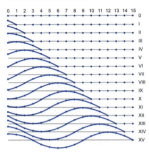 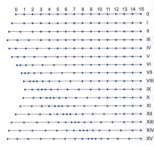

5 Die zeitliche Periodizität einer linearen harmonischen Welle lässt sich mit der **Schwingungsdauer T** bzw. der **Frequenz f** der einzelnen Schwinger des elastischen Mediums erfassen ($\rightarrow$ 22|3a; b), ihre räumliche mit der **Wellenlänge λ**. Darunter versteht man den kürzesten Abstand zweier phasengleich schwingender Oszillatoren.

6 Unter der **Ausbreitungs- oder Phasengeschwindigkeit c** einer linearen harmonischen Welle versteht man die Geschwindigkeit, mit der sich die Schwingungszustände gleicher Phase durch das elastische Medium bewegen.

7 Die Ausbreitungsgeschwindigkeit c einer Welle ist gleich dem Produkt aus ihrer Wellenlänge λ und ihrer Frequenz f:

$$c = \lambda \cdot f$$

Begründung: Während der Zeit T legt ein bestimmter Schwingungszustand, z. B. ein Wellenberg, im Medium die Strecke λ zurück. Für die Ausbreitungsgeschwindigkeit c der Welle gilt daher:

$$c = \frac{\lambda}{T} = \lambda \cdot \frac{1}{T} \overset{(\rightarrow 22|3b)}{=} \lambda \cdot f$$

Führt die Erregerstelle einer linearen harmonischen Welle bei $x = 0$ **8**
die Schwingung $A \cdot \sin(\frac{2\pi}{T} \cdot t)$ aus, lässt sich die **Auslenkung $\psi(x, t)$**
an der Stelle x zum Zeitpunkt t mathematisch durch eine Funktion
zweier Variablen beschreiben:

$$\psi(x; t) = A \cdot \sin\left(\frac{2\pi}{T} \cdot t - \frac{2\pi}{\lambda} \cdot x \right)$$

Begründung: Da die Erregerstelle bei $x = 0$ gemäß

$$A \cdot \sin\left(\frac{2\pi}{T} \cdot t \right)$$

schwingt, ist die Elongation eines Wellenträgerteilchens, das sich im
Abstand x davon befindet, entsprechend der Verzögerung Δt pha-
senverschoben:

$$A \cdot \sin\left(\frac{2\pi}{T} \cdot (t - \Delta t) \right) \qquad (*)$$

Für Δt gilt:

$$\Delta t = \frac{x}{c} \overset{(\to 29|7)}{=} \frac{x}{\lambda \cdot f} \overset{(\to 22|3b)}{=} \frac{x}{\lambda \cdot \frac{1}{T}} = \frac{x \cdot T}{\lambda} \quad (**)$$

Einsetzen von $(**)$ in $(*)$ liefert:

$$A \cdot \sin\left(\frac{2\pi}{T} \cdot \left(t - \frac{x \cdot T}{\lambda} \right) \right) = A \cdot \sin\left(\frac{2\pi}{T} \cdot t - \frac{2\pi}{\lambda} \cdot x \right)$$

Lineare harmonische **Wellen übertragen Energie**, die periodisch **9**
zwischen potenzieller und kinetischer Energie wechselnd in den
Schwingungen der vom Wellenvorgang erfassten Teilchen des Wellenträgers gespeichert ist. Mit diesem **Energietransport** ist aber **kein**
Massentransport verbunden.

Handelt es sich um einen homogenen Wellenträger und bezeichnet **10**
M die Masse des vom Wellenvorgang erfassten Mediums, so besitzt
eine **lineare harmonische Welle** der Frequenz f und der Amplitude
A die **Energie**

$$E = 2 M \cdot \pi^2 \cdot f^2 \cdot A^2$$

Insbesondere ist die Energie einer linearen harmonischen Welle zum Quadrat der Wellenamplitude proportional.

Begründung: Nach (→ 23|5) gilt für die Gesamtenergie der harmonischen Schwingung eines Teilchens mit der Amplitude A, der Kreisfrequenz ω und der Schwingermasse m:

$$E_{Teilchen} = \frac{1}{2} m \cdot A^2 \cdot \omega^2 = \frac{1}{2} m \cdot A^2 \cdot 4\pi^2 \cdot f^2 = 2m \cdot \pi^2 \cdot f^2 \cdot A^2$$

Durch Summation über die Einzelenergien aller vom Wellenvorgang erfassten Teilchen erhält man die Gesamtenergie:

$$E = 2\pi^2 \cdot f^2 \cdot A^2 \cdot \underbrace{(m + m + \ldots + m)}_{M} = 2\pi^2 \cdot f^2 \cdot A^2 \cdot M$$

11 **Longitudinalwellen** treten **in Gasen**, **Flüssigkeiten** und **Festkörpern** auf, **Transversalwellen** nur **in Festkörpern**, weil in Gasen und Flüssigkeiten keine elastischen Querkräfte wirksam sind.
Treten in einem Medium beide Wellentypen auf, so breiten sich die Longitudinalwellen immer schneller als die Transversalwellen aus.

12 Longitudinalwellen sind mit Verdichtungen oder Verdünnungen des Mediums verknüpft. Verdichtungen (Überdruck) entstehen dort, wo die Teilchen in Fortpflanzungsrichtung der Welle schwingen, Verdünnungen (Unterdruck) dort, wo sie dazu entgegengesetzt schwingen. In der Mitte zwischen einer Verdichtung und einer Verdünnung schwingen die Teilchen mit maximalem Geschwindigkeitsbetrag.

Zur begrifflichen Abgrenzung gegen die Phasengeschwindigkeit (→ 29|6) bezeichnet man den Betrag der Momentangeschwindigkeit mit der die Teilchen um ihre Ruhelage schwingen als **Schnelle**.
• Die Schnelle ist dort null, wo die Elongation maximal und der Druck normal ist.
• Die Schnelle ist dort maximal, wo die Elongation null ist und maximaler Über- bzw. Unterdruck herrscht.

In Bild A ist das Momentbild einer Transversalwelle dargestellt, die Bilder B und C zeigen das daraus entwickelte Momentbild einer Longitudinalwelle bzw. die resultierende Druck- und Schnellewelle.

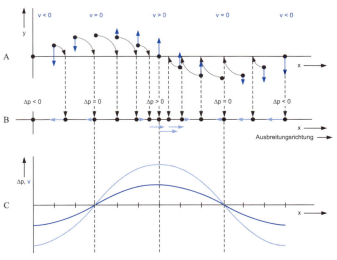

30 Reflexion linearer elastischer Wellen

Am Ende eines linearen Wellenträgers wird eine lineare longitudina- **1**
le oder transversale elastische Welle reflektiert und läuft auf dem
Wellenträger zurück. Kann sein letztes Teilchen frei ausschwingen,
spricht man von **Reflexion am freien Ende**, ist es unverrückbar fest,
von **Reflexion am festen Ende**.

Versuche mit der Gummischnur zeigen, dass lineare elastische **Trans-** **2**
versalwellen
● am **freien Ende ohne Phasensprung**
● am **festen Ende mit einem Phasensprung** von π
reflektiert werden.

Ein Wellenberg wird also am freien Ende als Wellenberg, am festen
Ende als Wellental reflektiert.

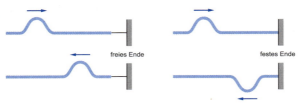

freies Ende   festes Ende

3 Versuche mit dem Federwurm zeigen, dass lineare elastische **Longitudinalwellen**
- am **freien Ende** so reflektiert werden, dass eine **Verdichtung als
  Verdünnung** und eine Verdünnung als Verdichtung zurücklaufen.
- am **festen Ende** so reflektiert werden, dass eine **Verdichtung als
  Verdichtung** und eine Verdünnung als Verdünnung zurücklaufen.

31 Interferenz linearer elastischer Wellen

1 Treffen an einer Stelle eines elastischen Wellenträgers mehrere lineare elastische Wellen aufeinander, **überlagern** sie sich **ohne gegenseitige Störung** zur resultierenden Welle. Deren Elongation, Teil-
chengeschwindigkeit und -beschleunigung ergeben sich durch Vektoraddition der entsprechenden Größen der Einzelwellen. Nach dem
Zusammentreffen laufen die Einzelwellen ungestört weiter.

2 Unter **Interferenz linearer
Wellen** versteht man die Über-
lagerung von mindestens zwei
linearen Wellen mit gleicher
Ausbreitungsrichtung, gleicher
Schwingungsebene und gleicher
Wellenlänge auf dem gleichen
Wellenträger.

Unter dem **Gangunterschied** Δs zweier linearer, gleichlaufender, interferierender Wellen versteht man die Strecke, um die man beide Wellenzüge gegeneinander verschieben muss, um gleiche Schwingungszustände zur Deckung zu bringen.

Beträgt der **Gangunterschied** zwischen zwei Wellenzügen Δs, weisen die zugehörigen Schwingungen am Interferenzort die **Phasendifferenz**

$$\Delta\varphi = 2\pi \cdot \frac{\Delta s}{\lambda}$$

auf.

Begründung: Der Phasenunterschied verhält sich zum Gangunterschied wie der Vollwinkel zur vollen Wellenlänge, es gilt also die Verhältnisgleichung:

$$\frac{\Delta\varphi}{\Delta s} = \frac{2\pi}{\lambda} \quad \text{bzw.} \quad \Delta\varphi = 2\pi \cdot \frac{\Delta s}{\lambda}$$

Beträgt der Gangunterschied zweier interferierender Wellenzüge mit den Amplituden A_1 bzw. A_2

- ein **ganzzahliges Vielfaches** der Wellenlänge λ, gilt also

  $$\Delta s = n \cdot \lambda, \ n \in \mathbb{N},$$

  so spricht man von **konstruktiver Interferenz**, weil die zugehörigen Schwingungen am Interferenzort wegen ($\rightarrow$ 31|4) um $n \cdot 2\pi$ phasenverschoben sind und sich optimal zu einer resultierenden Welle der Amplitude $A_1 + A_2$ zusammensetzen.

- ein **ungeradzahliges Vielfaches** der halben Wellenlänge $\frac{\lambda}{2}$, gilt also

  $$\Delta s = (2n+1) \cdot \frac{\lambda}{2}, \ n \in \mathbb{N},$$

  so spricht man von **destruktiver Interferenz**, weil die zugehörigen Schwingungen am Interferenzort wegen ($\rightarrow$ 31|4) um $(2n+1) \cdot \pi$ phasenverschoben sind und ihre Elongationen sich daher gegenseitig teilweise kompensieren. Die resultierende Welle besitzt die Amplitude $|A_1 - A_2|$.

6 Bei der Interferenz zweier gegenläufiger linearer Wellen mit der Wellenlänge λ und der Amplitude A bildet sich eine **stehende lineare Welle** der Form

$$\psi(x;t) = 2A \cdot \cos\left(2\pi \cdot \frac{x}{\lambda}\right) \cdot \sin\left(2\pi \cdot \frac{t}{T}\right)$$

aus. Eine stehende Welle lässt sich also als Produkt einer ortsabhängig oszillierenden Amplitude und einer harmonischen Schwingung beschreiben.

Begründung: Beschreibt man nach (→ 29|8) die in die positive bzw. negative x-Richtung laufenden Wellen durch

$$\psi_+(x;t) = A \cdot \sin\left(2\pi \cdot \left(\frac{t}{T} - \frac{x}{\lambda}\right)\right) \quad \text{bzw.}$$

$$\psi_-(x;t) = A \cdot \sin\left(2\pi \cdot \left(\frac{t}{T} + \frac{x}{\lambda}\right)\right),$$

so ergibt sich mit $\sin\alpha + \sin\beta = 2\cos\frac{\alpha-\beta}{2} \cdot \sin\frac{\alpha+\beta}{2}$:

$$\psi(x;t) = \psi_+(x;t) + \psi_-(x;t) = \underbrace{2A \cdot \cos\left(2\pi \cdot \frac{x}{\lambda}\right)}_{A(x)} \cdot \underbrace{\sin\left(2\pi \cdot \frac{t}{T}\right)}_{f(t)}$$

$$= A(x) \cdot f(t)$$

7 Die Abbildung zeigt den Verlauf einer stehenden Transversalwelle während einer Schwingungsdauer. Der Phasenunterschied zwischen zwei benachbarten Graphen beträgt $\frac{1}{24}$ T.

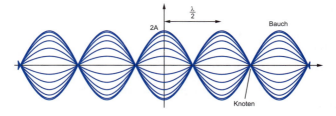

Die wesentlichen Unterschiede zwischen einer stehenden und einer **8** fortlaufenden Welle sind:

Stehende Welle	**Fortlaufende Welle**
Das räumliche Wellenbild „steht".	Das räumliche Wellenbild schreitet mit der Phasengeschwindigkeit c fort.
Die Schwingungsamplituden der Oszillatoren sind ortsabhängig und wiederholen sich in Abständen von $\frac{\lambda}{2}$.	Alle Oszillatoren schwingen mit der gleichen Amplitude.
An bestimmten Stellen treten Bewegungsknoten bzw. Bewegungsbäuche auf. Das sind Stellen, an denen die Amplitude ständig null ist bzw. ständig den Wert 2A besitzt. Dabei beträgt der Abstand zwischen zwei benachbarten Bäuchen bzw. Knoten jeweils $\frac{\lambda}{2}$.	Es treten weder Bewegungsknoten noch Bewegungsbäuche auf.
Alle Schwingungen zwischen benachbarten Knoten erfolgen gleichphasig, auf verschiedenen Seiten eines Knotens gegenphasig.	Die Schwingungsphasen sind ortsabhängig. Gleiche Phasen wiederholen sich in Abständen von λ.
Es erfolgt kein Energietransport.	Energie wird transportiert.

32 Eigenschwingungen beidseitig begrenzter Wellenträger

Auf einem **beidseitig begrenzten linearen Wellenträger** können **1** Wellen dauerhaft **nur** bestehen, wenn sich die an den Enden reflektierten Wellen (→ 30) nicht durch destruktive Interferenz (→ 31|4) gegenseitig auslöschen. Dies ist unabhängig davon, ob Transversaloder Longitudinalwellen vorliegen, möglich, wenn sich **stehende Wellen** (→ 31|6) mit folgenden Eigenschaften ausbilden.

2 Bei

zwei festen Enden	einem festen und einem freien Ende	zwei freien Enden

ist die Länge L des Wellenträgers ein

ganzzahliges Vielfaches der halben Wellenlänge:	ungeradzahliges Vielfaches der viertel Wellenlänge:	ganzzahliges Vielfaches der halben Wellenlänge:
$L = n \cdot \dfrac{\lambda_n}{2}$;	$L = (2n+1) \cdot \dfrac{\lambda_n}{4}$;	$L = n \cdot \dfrac{\lambda_n}{2}$;
$n \in \mathbb{N}$	$n \in \mathbb{N}$	$n \in \mathbb{N}$

Die zugehörigen Frequenzen ergeben sich mit $f_n \cdot \lambda_n = c$ (→ 29|7) zu:

$f_n = n \cdot \dfrac{c}{2L}$;	$f_n = (2n+1) \cdot \dfrac{c}{4L}$;	$f_n = n \cdot \dfrac{c}{2L}$;
$n \in \mathbb{N}$	$n \in \mathbb{N}$	$n \in \mathbb{N}$

3 Als **Grundschwingung** bezeichnet man die Schwingung mit der kleinsten Frequenz. Die Schwingung mit der doppelten (dreifachen, vierfachen, …) Frequenz der Grundschwingung heißt erste (zweite, dritte, …) **Oberschwingung** des Systems.

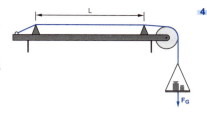

Ein einseitig eingespannter, dünner Metalldraht der Dichte ρ vom Querschnitt A, der über eine Rolle gelegt, durch ein Gewicht F_G gespannt und dessen wirksame Länge L durch zwei Stege bestimmt wird, stellt einen linearen Transversalwellenträger mit zwei festen Enden dar.

Für die Frequenz f_1 seiner **transversalen Grundschwingung** gilt:

$$f_1 = \frac{1}{2L} \cdot \sqrt{\frac{F_G}{A \cdot \rho}}$$

Longitudinale Eigenschwingungen einer Luftsäule mit zwei festen Enden lassen sich mit einem **Kundt'schen Rohr** darstellen. Das ist eine waagerecht liegende einseitig geschlossene Glasröhre geeigneter Länge, in deren offenes Ende berührungsfrei ein Kopplungsplättchen ragt, das an einem in seiner Mitte festgeklemmten Stab passender Länge angebracht ist.

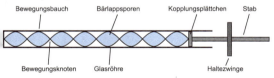

Wird dieser durch Reiben in Längsrichtung zu Longitudinalschwingungen angeregt, bildet sich bei geeigneter Dimensionierung in der Luftsäule eine stehende Longitudinalwelle aus (→ 32|2). Gleichmäßig im Rohr verteilte Bärlappsporen bleiben an den Bewegungsknoten in Ruhe und werden an den Bewegungsbäuchen senkrecht zur Rohrachse aufgewirbelt.

6 Messungen zeigen, dass

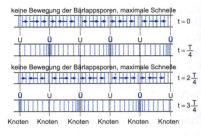

- **Druckbäuche an** den **Bewegungsknoten**, Druckknoten an den Bewegungsbäuchen auftreten;
- die **Auslenkung** und der **Druck** einerseits und die Schnelle (→ 29|12) andrerseits **phasenversetzt** um eine **Viertelschwingung** oszillieren.

In der Abbildung bezeichnen U bzw. Ü Stellen, an denen Unterdruck bzw. Überdruck herrscht; die Pfeile geben Richtung und Betrag der Schnelle an.

7 Durch Heben und Senken des Wasserspiegels kann man im **Quincke'schen Resonanzrohr** die Höhe der Luftsäule im Resonanzraum so einstellen, dass sich bei Anregung mit einer Stimmgabel jeweils eine stehende Longitudinalwelle ausbildet. Diese weist nach (→ 32|2) an der Wasseroberfläche einen Bewegungsknoten, am offenen Ende einen Bewegungsbauch auf und äußert sich durch starkes Mittönen (Resonanz). Die Differenz der Wasserstände im Resonanzraum zwischen zwei aufeinander folgenden Eigenschwingungen entspricht der halben Wellenlänge.

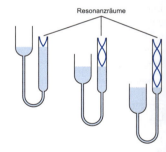

Resonanzräume

33 Polarisation

Eine Transversalwelle heißt **linear polarisiert**, wenn sich die durch **1**
ihre Ausbreitungs- und Schwingungsrichtung festgelegte Ebene, die
Schwingungsebene, nicht ändert.

Eine eindimensionale, linear polarisierte Transversalwelle kann eine **2**
Spaltblende nur dann ungehindert passieren, wenn ihre Schwingungsebene in Spaltrichtung liegt (Bild links). Steht sie senkrecht dazu,
wird sie hinter dem Spalt ausgelöscht (Bild mitte). In allen anderen
Fällen gelangt nur die in Spaltrichtung liegende Komponente durch
den Spalt (Bild rechts). Komponenten senkrecht zum Spalt werden
ohne Phasensprung reflektiert.

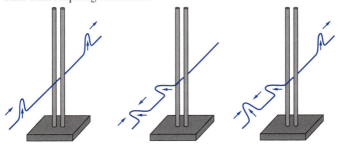

Den Vorgang, bei dem aus einer Transversalwelle eine Komponente **3**
mit einer bestimmten Schwingungsrichtung herausgefiltert wird,
bezeichnet man als **Polarisation**, die erforderliche Vorrichtung als
Polarisator.

Polarisation ist eine charakteristische Eigenschaft von Transversal- **4**
wellen und **tritt bei Longitudinalwellen nicht auf**.

Mithilfe einer Kombination von zwei hintereinander und senkrecht **5**
zueinander stehenden Spalten kann experimentell entschieden werden welche Art von eindimensionalen Wellen vorliegt: Im Gegensatz
zu Longitudinalwellen können Transversalwellen diese Anordnung
nicht passieren.

6 Ändert sich die Schwingungsrichtung bei einer Transversalwelle zeitlich, entstehen zirkular bzw. elliptisch polarisierte Wellen.

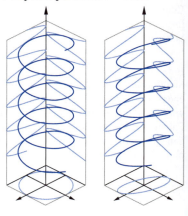

Bei einer **zirkular polarisierten** Transversalwelle (Bild links) dreht sich die Schwingungsrichtung in der zur Ausbreitungsrichtung senkrechten Ebene. Die Spitze des Auslenkungsvektors des schwingenden Teilchens beschreibt einen Kreis.

Bei einer **elliptisch polarisierten** Transversalwelle (Bild rechts) dreht sich die Schwingungsrichtung ebenfalls in der zur Ausbreitungsrichtung senkrechten Ebene. Zusätzlich ändert sich dabei der Betrag der Auslenkung periodisch. Die Spitze des Auslenkungsvektors des schwingenden Teilchens beschreibt eine Ellipse.

Ebene Wellen

34 Entstehung und Ausbreitung ebener Wellen

Wellen, die sich auf einem flächigen Wellenträger ausbreiten, werden **1** als **zweidimensional** bezeichnet.
Modellhaft stellt man sich einen zweidimensionalen Wellenträger als Netz identischer, gekoppelter Schwinger vor (→ 28), die im ungestörten Zustand alle ihre Ruhelage einnehmen. Wird ein Oszillator zu erzwungenen Schwingungen angeregt, breiten sich diese infolge der Kopplung allseitig aus und erreichen zeitversetzt jeden Punkt des Netzes.

Die Eigenschaften zweidimensionaler Wellen werden in der Schule **2** fast ausschließlich an **Wasserwellen** untersucht. Dabei handelt es sich um **Oberflächenwellen**, für deren Fortpflanzung sowohl die Schwerkraft als auch die Oberflächenspannung verantwortlich sind. Eine genaue Theorie der Wasserwellen ist kompliziert und geht über die Schulphysik hinaus, weil die Wasserteilchen nicht linear schwingen, sondern **gleichzeitig Longitudinal- und Transversalschwingungen** ausführen. Sie bewegen sich auf Kreisen, Ellipsen oder noch komplizierteren geschlossenen Bahnen.

Benachbarte Punkte eines von einem Wellenvorgang erfassten zweidimensionalen Mediums, die mit gleicher Phase schwingen, bilden eine **Wellenfront**. Spezielle Wellenfronten sind **3**

Wellenstrahlen

Wellenfronten

A

- **Kreiswellen**, die von konzentrischen Kreisen um das Erregerzentrum gebildet werden (Bild A) und
- **ebene Wellen**, die aus parallelen Geraden bestehen (Bild B).

Senkrecht zu den Wellenfronten
verlaufen die **Wellenstrahlen**.
Sie geben die Ausbreitungsrichtung der Wellenbewegung an.
Bei Kreiswellen verlaufen sie
radial vom Zentrum nach außen,
bei ebenen Wellen parallel zueinander.

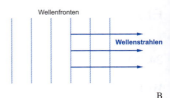

B

4 Die Ausbreitung ebener Wellen
lässt sich mit einem einfachen
Modell, dem **Huygens'schen
Prinzip**, beschreiben.
Hiernach wird jeder Punkt einer
Wellenfront zum Ausgangspunkt
einer elementaren Kreiswelle, die
sich mit der gleichen Geschwindigkeit und Wellenlänge wie die
ursprüngliche Welle ausbreitet.
Die neuen Wellenfronten ergeben
sich durch Interferenz (→ 31) aller
Elementarwellen als Einhüllende
der Elementarwellen.
Befinden sich Kreiswellen in genügend großer Entfernung vom Erregerzentrum, liegen benachbarte
Wellenfronten praktisch parallel;
die Welle kann innerhalb eines
begrenzten Raumbereichs als
ebene Welle aufgefasst werden.

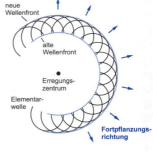

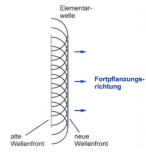

5 Die Begriffe Schwingungsdauer, Frequenz, Wellenlänge und Phasen-
geschwindigkeit aus (→ 29|5; 6) lassen sich auf zweidimensionale
Wellen sinngemäß übertragen. Auch für zweidimensionale Wellen
gilt:

$$c = \lambda \cdot f$$

Ebenso wie bei eindimensionalen Wellen pflanzen sich auch bei zwei- **6**
dimensionalen Wellen Energie und Impuls ($\rightarrow$ 29|9; 10) ohne Mate-
rietransport fort.

Bei **Kreiswellen** ist die **mechanische Leistung**, die durch eine senkrecht zum Wellenstrahl liegende kurze Strecke transportiert wird,
umgekehrt proportional zu deren **Entfernung** r **vom Erregerzentrum**.

Begründung: Die vom Erregerzentrum Z einer Kreiswelle ausgesandte mechanische Leistung P durchsetzt jeden Kreisring vom Radius r
um Z. Bezeichnet P' die Leistung, die auf eine zu einem Wellenstrahl
senkrecht liegende Strecke der Länge L trifft, so verhält sich die
Gesamtleistung zum Kreisumfang wie P' zu L:

$$\frac{P}{2\pi \cdot r} = \frac{P'}{L} \;\Rightarrow\; P' = \frac{P \cdot L}{2\pi} \cdot \frac{1}{r} \;\Rightarrow\; P' \sim \frac{1}{r}$$

35 Reflexion, Brechung, Beugung und Interferenz von ebenen Wellen

Reflexionsgesetz   **1**

Die Erfahrung zeigt, dass eine gerade, ebene Welle von einer ebenen
Wand so reflektiert wird, dass die von den Wellenstrahlen der ein-
und auslaufenden Welle mit dem Einfallslot gebildeten **Einfalls-
und Reflexionswinkel gleich** sind.

Das **Reflexionsgesetz** kann mithilfe des **Huygens'schen Prinzips**   **2**
($\rightarrow$ 34|4) hergeleitet werden:

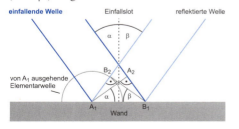

- Jeder Punkt der Strecke [A_1B_1] wird Ausgang einer kreisförmigen Elementarwelle, sobald die Wellenfront A_1A_2 ihn erreicht.
- Der Radius der von A_1 ausgehenden Elementarwelle ist auf $\overline{A_1B_2}$ angewachsen, wenn die Wellenfront A_1A_2 den Punkt B_1 erreicht hat.
- Die Einhüllende all dieser Elementarwellen, also die Wellenfront der reflektierten Welle, ist B_1B_2.
- Da die Geschwindigkeiten der einlaufenden und der reflektierten Welle gleich sind, gilt $\overline{A_1B_2} = \overline{A_2B_1}$.
- Die Dreiecke $A_1B_2B_1$ und $A_1A_2B_1$ sind nach dem SSW-Satz kongruent, weil sie in 2 Seiten ([A_1B_1] und [A_1B_2] bzw. [B_1A_2]) und dem Gegenwinkel der größeren Seite (90°) übereinstimmen.
- Daher gilt $\alpha = \beta$.

3 Brechungsgesetz

Eine schräg auf die ebene Grenzfläche zweier Medien treffende gerade, ebene Welle wird beim Übertritt vom Medium 1 ins Medium 2 so aus ihrer ursprünglichen Richtung abgelenkt, dass gilt:

$$\frac{\sin\alpha}{\sin\beta} = \frac{c_1}{c_2}$$

α und β bezeichnen dabei die von den Wellenstrahlen der einlaufenden bzw. gebrochenen Welle mit dem Einfallslot gebildeten Einfalls- bzw. Brechungswinkel, c_1 bzw. c_2 die Phasengeschwindigkeiten der Wellen in den Medien 1 bzw. 2.

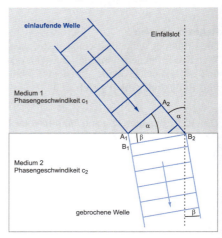

Das **Brechungsgesetz** kann mithilfe des **Huygens'schen Prinzips** **4**
($\rightarrow$ 34|4) hergeleitet werden:
- Jeder Punkt der Strecke [A_1B_2] wird Ausgang einer kreisförmigen Elementarwelle, sobald die Wellenfront A_1A_2 ihn erreicht.
- In der Zeit t, in welcher der Punkt A_2 der Wellenfront A_1A_2 bis B_2 vorgedrungen ist, hat die von A_1 ausgehende Elementarwelle B_1 erreicht:

$$\overline{A_1B_1} = c_2 \cdot t,$$

$$\overline{A_2B_2} = c_1 \cdot t.$$

Daher folgt:

$$\frac{\sin\alpha}{\sin\beta} = \frac{\frac{\overline{A_2B_2}}{\overline{A_1B_2}}}{\frac{\overline{A_1B_1}}{\overline{A_1B_2}}} = \frac{\overline{A_2B_2}}{\overline{A_1B_1}} = \frac{c_1 \cdot t}{c_2 \cdot t} = \frac{c_1}{c_2}$$

Beugung **5**
Treffen ebene Wellen auf Hindernisse, so sind sie dahinter stellenweise auch im geometrischen Schattenraum beobachtbar. Man bezeichnet diese Erscheinung als Beugung.
Sie tritt besonders deutlich auf, wenn die Abmessungen des Hindernisses in der Größenordnung mit der Wellenlänge übereinstimmen.
Die Abbildungen zeigen die Beugung ebener Wellen an einem Spalt (Bild links) und an einer Blende (Bild rechts).

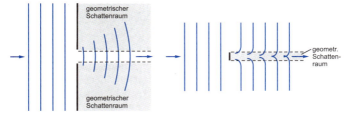

6 Gemäß dem **Huygens'schen Prinzip** (→ 34|4) entsteht **Beugung** dadurch, dass den von den Hinderniseckpunkten ausgehenden kreisförmigen Elementarwellen einseitig Interferenzpartner fehlen.

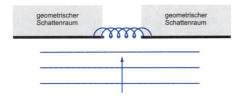

7 **Interferenz**

Ebenso wie eindimensionale lineare Wellen (→ 31|2) können auch zweidimensionale Wellen interferieren. Überlagern sich z. B. zwei Kreiswellen, deren ortsfeste Quellen E_1 und E_2 gleiche Frequenz, Schwingungsrichtung und Schwingungsphase aufweisen, so beobachtet man in einem Überlagerungspunkt P konstruktive (destruktive) Interferenz k-ter Ordnung, wenn ihr Gangunterschied (→ 31|3) ein ganzzahliges (ungeradzahliges) Vielfaches der ganzen (halben) Wellenlänge ist.

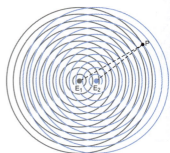

- Konstruktive Interferenz:

$$\overline{PE_1} - \overline{PE_2} = k \cdot \lambda$$
$$k = 0, 1, 2, 3, \ldots$$

- Destruktive Interferenz:

$$\overline{PE_1} - \overline{PE_2} = (2k+1) \cdot \frac{\lambda}{2}$$
$$k = 0, 1, 2, 3, \ldots$$

8 Ist der Punkt P der Überlagerung sehr weit von den Wellenquellen entfernt, können die Strecken [PE$_1$] und [PE$_2$] in guter Näherung als parallel angesehen werden. Der Gangunterschied lässt sich

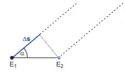

dann durch den Winkel α ausdrücken, den $[PE_1]$ und $[PE_2]$ mit der Verbindungslinie $[E_1E_2]$ der Quellen einschließen:

$$\Delta s = \overline{E_1E_2} \cdot \cos \alpha$$

Daher beobachtet man
- konstruktive Interferenz, wenn

$$\overline{E_1E_2} \cdot \cos \alpha = k \cdot \lambda, \quad k = 0, 1, 2, 3, \ldots$$

- destruktive Interferenz, wenn

$$\overline{E_1E_2} \cdot \cos \alpha = (2k+1) \cdot \frac{\lambda}{2}, \quad k = 0, 1, 2, 3, \ldots$$

Auf einem allseits begrenzten zweidimensionalen Wellenträger kön- **9** nen nur stehende Wellen dauerhaft bestehen ($\rightarrow$ 32|1). Um deren Knotenlinien sichtbar zu machen, spannt man z. B. eine dünne Metall- platte an einer Stelle ein und regt sie an einer anderen mit einem Gei- genbogen oder einem Schallkopf zu Schwingungen an. Feiner und gleichmäßig auf der Platte verteilter Sand sammelt sich dann längs der ruhenden Stellen an. Die entstehenden Sandfiguren sind außer- ordentlich vielfältig und werden als **Chladni'sche Klangfiguren** bezeichnet.

36 Dopplereffekt bei Schallwellen

Bewegen sich ein Beobachter und eine Schallquelle aufeinander zu **1** (von einander weg), nimmt der Beobachter eine höhere (kleinere) Frequenz wahr, als die Schallquelle ausstrahlt, weil ihn mehr (weni- ger) Schwingungen pro Zeiteinheit erreichen. Diese Erscheinung nennt man **Dopplereffekt**.

Bei Schallwellen besteht ein Unterschied, ob sich der Beobachter oder **2** die Schallquelle gegenüber dem ruhenden Ausbreitungsmedium für Schallwellen bewegen.
- Bewegt sich der Beobachter relativ zum Wellenträger, so ändert sich für ihn die Ausbreitungsgeschwindigkeit der Welle.
- Bewegt sich die Schallquelle relativ zum Wellenträger, so ändert sich die Wellenlänge.

3 Bezeichnen c die Schallgeschwindigkeit und f_0 bzw. f die von der Schallquelle abgestrahlte bzw. vom Beobachter wahrgenommene Frequenz, gilt: Die wahrgenommene Frequenz

a) **erhöht sich**, wenn sich der **Beobachter** mit einer Geschwindigkeit vom Betrag v_B der ruhenden Schallquelle **nähert**:

$$f = f_0 \cdot \left(1 + \frac{v_B}{c}\right)$$

b) **verringert sich**, wenn sich der **Beobachter** mit einer Geschwindigkeit vom Betrag v_B von der ruhenden Schallquelle **entfernt**:

$$f = f_0 \cdot \left(1 - \frac{v_B}{c}\right)$$

c) **erhöht sich**, wenn sich die **Schallquelle** mit einer Geschwindigkeit vom Betrag v_S dem ruhenden Beobachter **nähert**:

$$f = f_0 \cdot \frac{1}{1 - \frac{v_S}{c}}$$

d) **verringert sich**, wenn sich die **Schallquelle** mit einer Geschwindigkeit vom Betrag v_S vom ruhenden Beobachter **entfernt**:

$$f = f_0 \cdot \frac{1}{1 + \frac{v_S}{c}}$$

Mechanik des starren Körpers

37 Massenmittelpunkt

Unter einem **starren Körper** versteht man ein System von starr mit- **1**
einander verbundenen Massenpunkten, die ihre gegenseitigen Abstände beibehalten. Einwirkende Kräfte rufen keine Veränderung der
Körpergestalt hervor.

Bezeichnen x_1, x_2, ..., x_n bzw. y_1, y_2, ..., y_n bzw. z_1, z_2, ..., z_n die **2**
kartesischen Koordinaten der Massenpunkte m_1, m_2, ..., m_n eines
starren Körpers, so lauten die Koordinaten x_S, y_S, z_S des **Massenmittelpunkt** S:

$$x_S = \frac{m_1 \cdot x_1 + m_2 \cdot x_2 + ... + m_n \cdot x_n}{m_1 + m_1 + ... + m_n}$$

$$y_S = \frac{m_1 \cdot y_1 + m_2 \cdot y_2 + ... + m_n \cdot y_n}{m_1 + m_1 + ... + m_n}$$

$$z_S = \frac{m_1 \cdot z_1 + m_2 \cdot z_2 + ... + m_n \cdot z_n}{m_1 + m_1 + ... + m_n}$$

Greift an den Massenpunkten die Schwerkraft an, so bezeichnet man
den Massenmittelpunkt auch als **Schwerpunkt**.

Zur **experimentellen Bestimmung der Schwerpunktlage** hängt man **3**
den starren Körper nacheinander an zwei verschiedenen Punkten auf
und wartet jedes Mal bis er zur Ruhe gekommen ist. Der Schwerpunkt liegt dann auf dem Schnittpunkt der Lote durch die Aufhänge-
punkte.

Jede Symmetrieachse eines starren Körpers verläuft durch den **4**
Schwerpunkt.

38 Statik des starren Körpers

1 Jede Bewegung eines starren Körpers lässt sich in eine Translation (Verschiebung) und eine Rotation zerlegen. Unter einer

| **Translation** | **Rotation** |

versteht man Bewegungen, bei denen sich alle Massenpunkte des Körpers mit der

| **gleichen Geschwindigkeit parallel zueinander bewegen**. | **gleichen Winkelgeschwindigkeit um die gleiche Achse drehen**. |

Bei Translationen bewegt sich ein starrer Körper gemäß der für einen Massenpunkt geltenden Gesetze so, als sei seine gesamte Masse im Schwerpunkt vereinigt.

2 Der Bewegungszustand eines starren Körpers ändert sich nicht, wenn man

- eine an ihm angreifende Kraft $\vec{F}$ längs ihrer **Wirkungslinie** verschiebt. Man nennt Kraftvektoren am starren Körper aufgrund dieser Eigenschaft **linienflüchtig**.

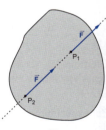

- zwei an ihm angreifende nicht parallele Kräfte $\vec{F}_1$ und $\vec{F}_2$, deren Wirkungslinien sich im Punkt P schneiden durch die in P angreifende Vektorsumme dieser Kräfte $\vec{F}_1 + \vec{F}_2$ ersetzt.

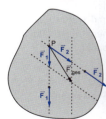

- zwei an ihm in den Punkten P_1 und P_2 angreifende parallele, gleich gerichtete Kräfte $\vec{F}_1$ und $\vec{F}_2$ durch die Kraft $\vec{F}_1 + \vec{F}_2$ ersetzt und ihren Angriffspunkt P auf $[P_1; P_2]$ so wählt, dass

$$\frac{\overline{P_1P}}{\overline{P_2P}} = \frac{F_2}{F_1}.$$

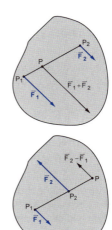

- zwei an ihm in den Punkten P_1 und P_2 angreifende parallele, entgegengesetzt gerichtete Kräfte $\vec{F}_1$ und $\vec{F}_2$ ungleichen Betrags durch die Kraft $\vec{F}_2 - \vec{F}_1$ ersetzt und ihren Angriffspunkt P auf P_1P_2 außerhalb von $[P_1P_2]$ so wählt, dass

$$\frac{\overline{P_1P}}{\overline{P_2P}} = \frac{F_2}{F_1}.$$

Unter einem **Kräftepaar** versteht man zwei entgegengesetzt gerichtete parallele Kräfte gleichen Betrags, deren Wirkungslinien nicht zusammenfallen. Ein Kräftepaar kann nicht durch eine resultierende Einzelkraft ersetzt oder durch eine Einzelkraft kompensiert werden.

Greift eine Kraft $\vec{F}$ in einem Punkt P an einem starren Körper an, der um eine feste Achse drehbar ist, so versteht man unter ihrem auf den Punkt D bezogenen **Drehmoment $\vec{M}$** einen Vektor, der

- den Betrag $M = r \cdot F \cdot \sin\varphi$ besitzt;
- auf der von $\vec{r} = \overline{DP}$ und $\vec{F}$ aufgespannten Ebene senkrecht steht;
- so gerichtet ist, dass der Daumen der rechten Hand in seine Richtung zeigt, wenn die gekrümmten Finger in Richtung der Drehbewegung weisen.

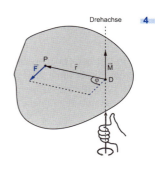

5 Ausgedrückt durch die SI-Basiseinheiten besitzt das **Drehmoment** die **Einheit** $kg \cdot \frac{m^2}{s^2}$. Gebräuchlicher ist die abgeleitete Einheit $N \cdot m$.

6 Der Betrag des Drehmoments entspricht dem Flächeninhalt des von den Vektoren $\vec{r}$ und $\vec{F}$ aufgespannten Parallelogramms.

7 Greift ein **Kräftepaar** an einem frei beweglichen starren Körper an, so übt es ein **Drehmoment** vom Betrag

$$M = F \cdot \overline{QP} \cdot \sin \varphi$$

aus (siehe Abbildung). Der Körper wird um eine Achse gedreht, die auf der Ebene des Kräftepaars senkrecht steht und durch seinen Massenmittelpunkt geht.

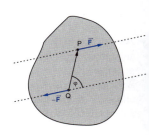

8 Greift an einem frei beweglichen starren Körper eine Kraft an, die nicht durch seinen Massenmittelpunkt geht, so dreht er sich um den Massenmittelpunkt, während dieser fortschreitet.

9 Mehrere an einem frei beweglichen starren Körper angreifende Kräfte lassen sich **immer durch ein Kräftepaar** ($\rightarrow 38|3$) **und eine Einzelkraft** ersetzen. Das Kräftepaar bewirkt eine Drehung um den Massenmittelpunkt, die Einzelkraft eine fortschreitende Bewegung.

10 Ein frei beweglicher starrer Körper befindet sich im **Gleichgewicht**, wenn die Summe aller an ihm angreifenden Kräfte und die Summe der von diesen Kräften erzeugten, auf denselben Punkt bezogenen Drehmomente null sind.

11 Schneiden sich die Wirkungslinien aller am Körper angreifenden Kräfte im selben Punkt P, so ist für jede Kraft das auf P bezogene Drehmoment null. In diesem Fall herrscht bereits Gleichgewicht, wenn nur die Kräftesumme null ist.

39 Starrer Rotator mit konstanter Winkelgeschwindigkeit

Unter einem **starrer Rotator** versteht man einen starren Körper, **1** dessen Massenpunkte sich mit der selben Winkelgeschwindigkeit ω auf Kreisbahnen ($\rightarrow$ 14) um eine gemeinsame feste Achse bewegen. Bei sämtlichen Ausführungen in diesem Abschnitt wird ω als konstant angesehen.

Bei starren Rotatoren erweist es sich als zweckmäßig, die **Winkel-** **2** **geschwindigkeit** als parallel zur Drehachse gerichteten **Vektor** vom Betrag ω aufzufassen. Dessen Orientierung ergibt sich, wenn man mit der rechten Faust die Drehachse so umfasst, dass die Finger in Drehrichtung weisen. Dann deutet der ausgestreckte Daumen in Richtung von $\bar{\omega}$.

Die Erfahrung zeigt, dass das **Trägheitsverhalten** eines starren Rota- **3** tors sowohl von seiner **Masse** als auch von deren **Verteilung um die** **Drehachse** abhängt.

Als Trägheitsmaß hat sich das **Trägheitsmoment** bewährt: **4** Denkt man sich den starren Rotator aus lauter Massenpunkten Δm_i aufgebaut, deren Abstände von der Drehachse mit r_i bezeichnet werden, so versteht man unter seinem auf die Drehachse bezogenen Trägheitsmoment J die Summe über alle Produkte $\Delta m_i \cdot r_i^2$:

$$J = \Delta m_1 \cdot r_1^2 + \ldots + \Delta m_n \cdot r_n^2$$

Das **Trägheitsmoment** besitzt ausgedrückt durch die SI-Basisein- **5** heiten die **Einheit** $kg \cdot m^2$.

Die Berechnung von Trägheitsmomenten für kontinuierliche Mas- **6** senverteilungen entzieht sich der Schulmathematik. Für einige geometrisch einfache Körper sind sie mit der zugehörigen Achse in folgender Tabelle angegeben.

Körper	Drehachse	Trägheitsmoment
Stab der Masse m und der Länge L	durch die Stabmitte senkrecht zum Stab	$\frac{1}{12}m\cdot L^2$
Stab der Masse m und der Länge L	durch ein Stabende senkrecht zum Stab	$\frac{1}{3}m\cdot L^2$
Kreisscheibe der Masse m vom Radius r	durch den Mittelpunkt senkrecht zur Scheibe	$\frac{1}{2}m\cdot r^2$
gerader Kreisvoll-zylinder der Masse m mit Grundkreisradius r und Höhe h	fällt mit Körperachse zusammen	$\frac{1}{2}m\cdot r^2$
gerader Kreisvoll-zylinder der Masse m mit Grundkreisradius r und Höhe h	durch den Schwerpunkt senkrecht zur Körper-achse	$\frac{1}{12}m\cdot(3r^2+h^2)$
gerader Kreishohl-zylinder der Masse m mit den Radien R und r	fällt mit Körperachse zusammen	$\frac{1}{2}m\cdot(R^2+r^2)$
Vollkugel der Masse m vom Radius r	durch den Mittelpunkt	$\frac{2}{5}m\cdot r^2$
dünnwandige Hohlkugel der Masse m vom Radius r	durch den Mittelpunkt	$\frac{2}{3}m\cdot r^2$
Quader der Masse m mit den Kanten a, b, c	durch den Schwerpunkt parallel zu c	$\frac{1}{12}m\cdot(a^2+b^2)$
Quader der Masse m mit den Kanten a, b, c	fällt mit c zusammen	$\frac{1}{3}m\cdot(a^2+b^2)$

7 Ist das Trägheitsmoment J_S eines starren Körpers der Masse m bezüglich einer durch seinen Schwerpunkt verlaufenden Achse bekannt, kann sein Trägheitsmoment J_a bezüglich einer dazu parallelen Achse a nach dem **Steiner'schen Satz** berechnet werden:

$$J_a = J_S + m \cdot s^2$$

s bezeichnet dabei den Abstand des Schwerpunkts von der Achse a.

Ein starrer Körper kann im Allgemeinen nur dann um eine beliebige **8**
Achse rotieren, wenn es sich um eine materielle, durch Lager geführ-
te Achse handelt. Während der Rotation werden auf die Lager Kräfte
übertragen.

Die Erfahrung zeigt aber, dass jeder starre Körper drei aufeinander
senkrecht stehende, durch den Körperschwerpunkt verlaufende geo-
metrische Achsen besitzt, um die er frei, ohne Lagerhaltung rotieren
kann. Diese Achsen heißen **Hauptträgheitsachsen**:

Zwei der Hauptträgheitsachsen sind dadurch eindeutig bestimmt,
dass sie von allen durch den Schwerpunkt verlaufenden Achsen das
größte und das kleinste Trägheitsmoment aufweisen. Die **Drehung**
um diese Achsen erfolgt **stabil**, bleibt also auch bei kleinen Störun-
gen erhalten.

Die Lage der dritten Achse ist dadurch gegeben, dass sie durch den
Körperschwerpunkt verläuft und auf den beiden anderen senkrecht
steht. Die **Drehung um** diese Achse ist im Allgemeinen **instabil**.

Jede Symmetrieachse eines Körpers ist zugleich auch **Hauptträg-
heitsachse**.

Ein starrer Rotator, der mit der Winkelgeschwindigkeit ω um eine **9**
Achse a rotiert, bezüglich der er das Trägheitsmoment J_a aufweist,
besitzt die kinetische Energie

$$E_{kin} = \frac{1}{2} J_a \cdot \omega^2$$

Begründung: Ein Massenpunkten Δm_i, der im Abstand r_i mit der
Winkelgeschwindigkeit ω um die Achse a rotiert, besitzt die kinetische Energie

$$\Delta E_{kin,\,i} \overset{(\rightarrow 11|4a)}{=} \frac{1}{2} \Delta m_i \cdot v_i^2 \overset{(\rightarrow 14|5)}{=} \frac{1}{2} \Delta m_i \cdot r_i^2 \cdot \omega^2$$

Die gesamte in der Rotation des starren Körpers steckende kinetische Energie ergibt sich durch Summation der kinetischen Energien
aller Massenpunkte:

$$E_{kin} = \frac{1}{2} \Delta m_1 \cdot r_1^2 \cdot \omega^2 + ... + \frac{1}{2} \Delta m_n \cdot r_n^2 \cdot \omega^2$$

$$= \frac{1}{2} (\Delta m_1 \cdot r_1^2 + ... + \Delta m_n \cdot r_n^2) \cdot \omega^2 \overset{(\rightarrow 39|4)}{=} \frac{1}{2} J_a \cdot \omega^2$$

10 **Beispiel 1:** Gleichmäßig rollende Kugel
Berechnen Sie die kinetische Energie einer Vollkugel vom Radius R und der Masse m, die mit einer Geschwindigkeit vom Betrag v auf einer horizontalen Ebene gleichmäßig rollt.

Lösung:
Die Kugel führt gleichzeitig eine fortschreitende Bewegung mit dem konstanten Geschwindigkeitsbetrag v und eine Rotation mit der konstanten Winkelgeschwindigkeit ω um eine Achse durch den Kugelmittelpunkt aus. Weil dieser in der Zeit T, welche die Kugel für eine vollständige Umdrehung benötigt, den Weg $2R \cdot \pi$ zurücklegt, gilt:

$$v = \frac{2R \cdot \pi}{T} = R \cdot \frac{2\pi}{T} = R \cdot \omega \;\Rightarrow\; \omega = \frac{v}{R} \quad (*)$$

Die kinetische Gesamtenergie ist die Summe der kinetischen Energien aus Translation ($\rightarrow 11|4a$) und Rotation um die Symmetrieachse der Kugel ($\rightarrow 39|6; 9$):

$$E_{kin} = \frac{1}{2} m \cdot v^2 + \frac{1}{2} J_{sym} \cdot \omega^2 = \frac{1}{2} m \cdot v^2 + \frac{1}{2} \cdot \frac{2}{5} m \cdot R^2 \cdot \omega^2$$

$$\overset{(*)}{=} \frac{1}{2} m \cdot v^2 + \frac{1}{5} m \cdot R^2 \cdot \left(\frac{v}{R}\right)^2 = \frac{5}{10} m \cdot v^2 + \frac{2}{10} m \cdot v^2$$

$$= \frac{7}{10} m \cdot v^2$$

11 **Beispiel 2:** Rollende Kugel auf schiefer Ebene
Berechnen Sie die Endgeschwindigkeit einer Vollkugel vom Radius R und der Masse m, die aus der Ruhe heraus auf einer schiefen Ebene der Höhe h bergab rollt.

Lösung:
Beim Start besitzt die Kugel nur potenzielle Energie $E_{pot} = m \cdot g \cdot h$, am Fuß der schiefen Ebene nur kinetische Energie $E_{kin} = \frac{7}{10} \cdot m \cdot v^2$ ($\rightarrow 39|10$).
Gleichsetzen nach dem Energieerhaltungssatz und Auflösen nach v liefert:

$$v = \sqrt{\frac{10}{7} g \cdot h}$$

40 Beschleunigter starrer Rotator

Ein starrer Rotator ($\rightarrow$ 39|1), dessen Winkelgeschwindigkeit sich mit **1**
der Zeit ändert, erfährt eine **beschleunigte Rotation**. Der Quotient
aus der Änderung $\omega(t_2) - \omega(t_1)$ der Winkelgeschwindigkeiten im Zeitintervall $[t_1; t_2]$ und der Länge $t_2 - t_1$ des Zeitintervalls

$$\bar{\alpha} := \frac{\omega(t_2) - \omega(t_1)}{t_2 - t_1}$$

heißt **mittlere Winkelbeschleunigung** im Zeitintervall $[t_1; t_2]$.

Im Allgemeinen hängt die mittlere Winkelbeschleunigung in einem **2**
Zeitintervall um einen bestimmten Zeitpunkt t_0 von der Intervalllän-
ge ab. Die Erfahrung zeigt, dass bei immer weiter abnehmenden Intervalllängen die zugehörigen mittleren Winkelbeschleunigungen einem
bestimmten Wert zustreben. Dieser wird als **Winkelbeschleunigung**
$\alpha(t_0)$ zum Zeitpunkt t_0 bezeichnet und lässt sich unter Verwendung
des Grenzwertbegriffs schreiben als

$$\alpha(t_0) := \lim_{t \to t_0} \frac{\omega(t_2) - \omega(t_1)}{t_2 - t_1}.$$

Die **Winkelbeschleunigung** zum Zeitpunkt t_0 ist die **erste Ableitung** **3**
der Zeit-Winkelgeschwindigkeits-Funktion $\omega(t)$ nach der Zeit an
der Stelle t_0:

$$\alpha(t_0) = \dot{\omega}(t_0)$$

Die **Winkelbeschleunigung** besitzt ausgedrückt durch die SI-Basis- **4**
einheiten die **Einheit** $\frac{1}{s^2}$.

Auch die Winkelbeschleunigung kann als parallel zur Winkelge- **5**
schwindigkeit ($\rightarrow$ 39|2) gerichteter Vektor $\vec{\alpha}$ aufgefasst werden.

Die Erfahrung zeigt, dass ein starrer Rotator mit Trägheitsmoment J **6**
($\rightarrow$ 39|4), auf den ein konstantes Drehmoment parallel zur Drehachse
($\rightarrow$ 38|4) wirkt, eine konstante Winkelbeschleunigung erfährt.

Ihr Betrag α ist dem Betrag M des Drehmoments direkt und dem Trägheitsmoment J umgekehrt proportional. Im SI-System gilt:

$$\vec{M} = J \cdot \vec{\alpha}$$

7 Ein starrer Rotator besitzt bezüglich seiner Rotationsachse einen **Drehimpuls L**. Rotiert er um eine seiner drei Hauptträgheitsachsen h_i ($i = x$, y, z) ($\to 39 | 8$), so versteht man darunter das Produkt aus seinem Trägheitsmoment J_i und seiner Winkelgeschwindigkeit ω_i bezüglich dieser Achse:

$$L_i = J_i \cdot \omega_i$$

8 Ausgedrückt durch die SI-Basiseinheiten besitzt der **Drehimpuls** die **Einheit** $\frac{kg \cdot m^2}{s}$. Gebräuchlicher ist die abgeleitete Einheit $J \cdot s$.

9 Drehimpulserhaltung
Der **Drehimpuls** eines starren Körpers, der **um eine seiner drei Hauptträgheitsachsen** ($\to 39 | 8$) rotiert, bleibt **zeitlich konstant**, solange kein äußeres Drehmoment auf ihn wirkt.

Begründung: Wegen

$$\dot{L} \overset{(\to 40 | 7)}{=} J \cdot \dot{\omega} \overset{(\to 40 | 3)}{=} J \cdot \alpha \overset{(\to 40 | 6)}{=} M$$

ist bei fehlendem Drehmoment

$$M = \dot{L} = 0$$

und L daher zeitlich konstant.

10 Beispiel: Sternumwandlung
Unsere Sonne besitzt einen Radius von ca. $r_S = 7 \cdot 10^5$ km und dreht sich in ca. $T_S = 25$ Tagen einmal um ihre Achse. Berechnen Sie ihre Umdrehungszeit T_Z, wenn sie sich ohne Massenverlust in einen weißen Zwerg vom Radius $r_Z = 7\,000$ km umgewandelt hat.

Lösung:
Werden bei der Umwandlung keine äußeren Drehmomente ausgeübt, stimmen die Drehimpulse von Sonne und Zwerg überein. Für diese erhält man unter Verwendung von ($\to 40 | 7$) und ($\to 39 | 6$):

$$L_S = J_S \cdot \omega_S = \frac{2}{5} m_S \cdot r_S^2 \cdot \frac{2\pi}{T_S} \quad \text{und}$$

$$L_Z = J_Z \cdot \omega_Z = \frac{2}{5} m_Z \cdot r_Z^2 \cdot \frac{2\pi}{T_Z}$$

Gleichsetzen ergibt mit $m := m_S = m_Z$ zunächst:

$$\frac{2}{5} m \cdot r_S^2 \cdot \frac{2\pi}{T_S} = \frac{2}{5} m \cdot r_Z^2 \cdot \frac{2\pi}{T_Z}$$

Hieraus folgt durch Kürzen und Auflösen nach T_Z:

$$T_Z = \left(\frac{r_Z}{r_S}\right)^2 \cdot T_S = \left(\frac{7\,000 \text{ km}}{700\,000 \text{ km}}\right)^2 \cdot 25\,\text{d} = 0,0025\,\text{d} = 216\,\text{s}$$

Ein **physikalisches Pendel** ist ein starrer Körper der Masse m, der unter dem Einfluss seiner Gewichtskraft um eine feste Achse D schwingen kann.

Bezeichnet r den Abstand des Körperschwerpunkts S von der Drehachse D und wird das Pendel um den Winkel φ aus seiner Ruhelage ausgelenkt, so erfährt es das rücktreibende Drehmoment ($\rightarrow$ 38|4)

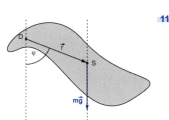

11

$$-m \cdot g \cdot r \cdot \sin\varphi. \qquad (1)$$

Dieses bewirkt nach ($\rightarrow$ 40|9) die Drehimpulsänderung

$$\dot{L} = J_D \cdot \dot{\omega} = J_D \cdot \ddot{\varphi}, \qquad (2)$$

sodass gilt:

$$-m \cdot g \cdot r \cdot \sin\varphi = J_D \cdot \ddot{\varphi} \qquad (3)$$

J_D bezeichnet dabei das auf die Achse D bezogene Trägheitsmoment des starren Körpers.

Ist für kleine Winkel die Näherung $\sin\varphi \approx \varphi$ zulässig, lässt sich (3) umformen in

$$\ddot{\varphi} + \frac{m \cdot g \cdot r}{J_D} \cdot \varphi = 0$$

und die Schwingung eines physikalischen Pendels ist auf die harmonische Schwingung aus ($\rightarrow$ 23|1) zurückgeführt.

41 Analogien zwischen Translation und Rotation

Zwischen den Größen, welche die Translation bzw. die Rotation eines starren Körpers beschreiben, bestehen die in folgender Tabelle aufgeführten Analogien:

Translation		Rotation	
Weg	s	Winkel	φ
Geschwindigkeit	$v = \dot{s}$	Winkelgeschwindigkeit	$\omega = \dot{\varphi}$
Beschleunigung	$a = \dot{v} = \ddot{s}$	Winkelbeschleunigung	$\alpha = \dot{\omega} = \ddot{\varphi}$
Masse	m	Trägheitsmoment	J
Impuls	$p = m \cdot v$	Drehimpuls	$L = J \cdot \omega$
Kraft	$F = \dot{p}$	Drehmoment	$M = \dot{L}$
kinetische Translationsenergie	$E_{kin} = \frac{1}{2} m \cdot v^2$	kinetische Rotationsenergie	$E_{rot} = \frac{1}{2} J \cdot \omega^2$

Elemente der phänomenologischen Wärmelehre

Die phänomenologische Wärmelehre beschreibt, wie sich bei Temperaturänderungen die Eigenschaften und der Aggregatzustand materieller Körper ändern, entwickelt dabei aber keine Vorstellung vom Wesen der Wärme.

42 Temperatur und Temperaturmessung

Die **Temperatur** ist das Maß für den **Wärmezustand** eines Körpers. **1** Erst in der zweiten Hälfte des 19. Jahrhunderts entdeckte man, dass sie sich unabhängig von Stoffeigenschaften mithilfe des Wirkungsgrads eines Carnotprozesses (→ 53|7) als absolute physikalische **Basisgröße** einführen lässt.

Die Erfahrung zeigt, dass die Temperaturen zweier einander berüh- **2** render Körper, die keinen Kontakt zur Umgebung haben, nach hinreichend langer Zeit übereinstimmen. Diesen Zustand bezeichnet man als **thermisches Gleichgewicht** der Körper.

Temperaturen misst man mit **Thermometern**. Das sind Geräte, deren **3** Funktionsweise darauf beruht, dass zwischen physikalischen Größen wie Volumen, Druck, elektrischer Leitfähigkeit oder der von einem Körper abgestrahlten elektromagnetischen Energie einerseits und der Temperatur andererseits ein funktionaler Zusammenhang besteht.

Die im täglichen Leben verwendeten **Ausdehnungsthermometer 4** bestehen aus einer Glaskapillare konstanten Querschnitts, an deren unterem Ende sich ein mit Quecksilber oder Alkohol gefülltes kugel- oder zylinderförmiges Vorratsgefäß befindet.
Bei der **Celsius-Temperaturskala** wird der Flüssigkeitspegel in der Kapillare markiert, wenn sich die Thermometerflüssigkeit bei einem Druck von $101\,325\ \frac{\text{N}}{\text{m}^2}$ im thermischen Gleichgewicht mit schmel-

zendem Eis (Eispunkt) bzw. mit siedendem Wasser (Dampfpunkt) befindet.

Unter 1 **Grad Celsius** (1 °C) versteht man den hundertsten Teil des Temperaturunterschieds zwischen dem Eis- und dem Dampfpunkt. Als **Formelzeichen** für die Celsius-Temperatur verwendet man ϑ.

5 **Thermometer**, die auf der **Ausdehnung einer Flüssigkeit** beruhen, weisen zwei entscheidende **Nachteile** auf:

a) Sie sind nur innerhalb eines relativ eng begrenzten Temperaturbereichs verwendbar, weil die Thermometerflüssigkeit außerhalb davon fest oder gasförmig ist. Die **Messbereiche** eines Quecksilber- bzw. Alkoholthermometers erstrecken sich von $-30\,°C$ bis $+280\,°C$ bzw. von $-110\,°C$ bis $+60\,°C$.

b) Für jede Thermometerflüssigkeit ist eine stoffspezifische, **nichtlineare Skala** erforderlich, weil sich Flüssigkeitsvolumina stoffspezifisch und nichtlinear mit der Temperatur ändern.

6 Für den Bau präzise arbeitender **Gasthermometer** nutzt man den Erfahrungssatz, dass der Druck bei den meisten Gasen unabhängig von deren chemischer Natur über große Temperaturbereiche linear von der Temperatur abhängt, wenn das Volumen des Gases konstant bleibt (→ 43|4c). Man verbindet eine mit Wasserstoff oder Helium gefüllte Kugel K mit einer U-förmigen Quecksilbersäule und stellt deren rechten Schenkel so ein, dass der Quecksilberfaden im linken Schenkel gerade

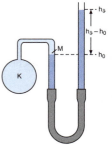

die Marke M berührt. Werden die Höhen des Quecksilberfadens im beweglichen Schenkel bei den Temperaturen 0 °C bzw. ϑ mit h_0 bzw. h_ϑ bezeichnet, so gilt:

$$\vartheta = \frac{1}{273{,}15} \cdot \frac{h_\vartheta - h_0}{\frac{p_L}{\rho \cdot g} + h_0}\ °C$$

Dabei bezeichnen p_L den äußeren Luftdruck, ρ die Dichte von Quecksilber und g den Ortsfaktor. Der **Messbereich** von Gasthermometern erstreckt sich von $-240\,°C$ bis $+2\,800\,°C$.

Die Erfahrung zeigt ($\rightarrow$ 43|4b), dass das Volumen einer abgeschlos- **7**
senen Gasmenge bei konstantem Druck über einen großen Tempera-
turbereich gemäß

$$V(\vartheta) = V_0 \cdot \left(1 + \frac{1}{273{,}15\,°C} \cdot \vartheta \right)$$

von der Celsiustemperatur abhängt. Die Beziehung legt nahe, dass es
Temperaturen unterhalb –273,15 °C nicht geben kann, weil anderen-
falls das zugehörige Gasvolumen negativ wäre.
Es erweist sich als zweckmäßig, diese tiefste Temperatur als Null-
punkt einer neuen Temperaturskala T zu wählen:

$$\frac{T}{K} = \frac{\vartheta}{°C} + 273{,}15$$

T heißt **absolute Temperatur**, ihre **Einheit** ist das **Kelvin (Einheitenzeichen K)**.

Beispiel: Umrechnung zwischen Celsius- und Kelvinskala **8**
- $\vartheta = 17\,°C$ sind $T = (17 + 273{,}15)\,K = 290{,}15\,K$.
- $T = 310\,K$ sind $\vartheta = (310 - 273{,}15)\,°C = 36{,}85\,°C$.

43 Gasgesetze

Die Erfahrung zeigt, dass der **thermische Zustand** einer **abgeschlos- 1
senen Gasmenge** vollständig durch die Größen Druck p, Volumen V
und absolute Temperatur T beschrieben werden kann.
Der Druck besitzt die **Einheit Pascal (Einheitenzeichen Pa)**. Es gilt:

$$1\,Pa = 1\,\frac{N}{m^2}$$

Diese Größen sind **Zustandsgrößen**. Sie hängen nicht davon ab, auf **2**
welchem Weg das Gas in den bestehenden Zustand gebracht worden
ist.

3 Ein **Gas** heißt **ideal**, wenn seine Zustandsgrößen das **allgemeine Gasgesetz** befolgen:

$$\frac{p \cdot V}{T} = \text{konstant}$$

4 Spezialfälle des allgemeinen Gasgesetzes ergeben sich, wenn bei Zustandsänderungen eine Zustandsgröße konstant bleibt:

a) Für **isotherme** Zustandsänderungen, bei denen die **Temperatur konstant** bleibt, gilt das **Gesetz von Boyle und Mariotte**:

$$p \cdot V = \text{konstant, wenn } T = \text{konstant}$$

b) Für **isobare** Zustandsänderungen, bei denen der **Druck konstant** bleibt, gilt das **Gesetz von Gay-Lussac**:

$$\frac{V}{T} = \text{konstant, wenn } p = \text{konstant}$$

c) Für **isochore** Zustandsänderungen, bei denen das **Volumen konstant** bleibt, gilt das **Gesetz von Amonton**:

$$\frac{p}{T} = \text{konstant, wenn } V = \text{konstant}$$

5 Aus je zwei dieser Spezialfälle lässt sich nach der Regel (a ~ b und a ~ c $\Rightarrow$ a ~ b · c) wieder das allgemeine Gasgesetz (→ 43 | 3) herleiten.

So folgt beispielsweise aus den Gesetzen von Boyle-Mariotte und von Amonton:

$$\left. \begin{array}{l} p \sim \dfrac{1}{V} \\[2mm] p \sim T \end{array} \right\} \Rightarrow p \sim \frac{T}{V} \Rightarrow p = \text{konstant} \cdot \frac{T}{V} \Rightarrow \frac{p \cdot V}{T} = \text{konstant}$$

6 Die Gasmenge erfasst man mithilfe der physikalischen Grundgröße **Stoffmenge**. Sie besitzt das **Formelzeichen** n; ihre **Einheit** ist das **Kilomol (Einheitenzeichen kmol)**.

Ein aus $6{,}0221 \cdot 10^{26}$ gleichen Teilchen bestehender Körper besitzt die Stoffmenge 1 kmol. Die Größe $N_A = 6{,}0221 \cdot 10^{26} \frac{1}{\text{kmol}}$ bezeichnet man als **Avogadrokonstante** oder auch **Loschmidt'sche Zahl**.

Allgemein gilt (mit m: Masse einer Stoffprobe; m_{abs}: absolute Teilchenmasse):

$$n = \frac{m}{N_A \cdot m_{abs}}$$

Zur Berechnung der Stoffmenge aus der Masse wird die **relative** **7** **Atom-** bzw. **Molekülmasse** m_r benötigt. Man erhält sie, indem man die absolute Atom- bzw. Molekülmasse m_{abs} durch die **atomare Masseneinheit u = 1,6605 · 10⁻²⁷ kg** dividiert:

$$m_r = \frac{m_{abs}}{u}$$

Im Periodensystem der Elemente sind die relativen Atommassen meist angegeben.

Beispiel: Kohlensäuremolekül **8**
Berechnen Sie die
a) relative Molekülmasse von Kohlensäure (H_2CO_3);
b) absolute Masse eines Kohlensäuremoleküls;
c) Stoffmenge n von 0,27 g Kohlensäure.

Lösung:
a) Mit den relativen Atommassen aus der Formelsammlung erhält man:

$$m_r(H_2CO_3) = 2 \cdot m_r(H) + 1 \cdot m_r(C) + 3 \cdot m_r(O)$$
$$= 2 \cdot 1,0079\ u + 1 \cdot 12,011\ u + 3 \cdot 15,999\ u$$
$$= 62,024\ u$$

b) $$m_{abs}(H_2CO_3) \overset{(\rightarrow 43|7)}{=} 62,024 \cdot 1,6605 \cdot 10^{-27}\ kg$$
$$= 1,0299 \cdot 10^{-25}\ kg$$

c) $$n \overset{(\rightarrow 43|6)}{=} \frac{m(H_2CO_3)}{N_A \cdot m_{abs}(H_2CO_3)}$$

$$= \frac{0,27 \cdot 10^{-3}\ kg}{6,0221 \cdot 10^{26}\ \frac{1}{kmol} \cdot 1,0299 \cdot 10^{-25}\ kg} = 4,4 \cdot 10^{-6}\ kmol$$

9 Nach dem **Satz von Avogadro** nimmt ein ideales Gas ($\rightarrow 43|3$) der Stoffmenge n unter **Normalbedingungen**, also bei der Temperatur $T_0 = 273{,}15$ K und beim Druck $p_0 = 101\,325\,\frac{N}{m^2}$, unabhängig von der Gasart stets das Volumen $V_0 = n \cdot 22{,}414\,\frac{m^3}{kmol}$ ein.

10 Mit diesen Werten lässt sich die Konstante im allgemeinen Gasgesetz ($\rightarrow 43|3$) berechnen:

$$\text{konstant} = \frac{p_0 \cdot V_0}{T_0} = \frac{101\,325\,\frac{N}{m^2} \cdot n \cdot 22{,}414\,\frac{m^3}{kmol}}{273{,}15 \text{ K}}$$

$$= n \cdot 8{,}3145 \cdot 10^3\,\frac{J}{K \cdot kmol}$$

$R := 8{,}3145 \cdot 10^3\,\frac{J}{K \cdot kmol}$ heißt **universelle molare Gaskonstante**.

11 Unter der **Boltzmannkonstanten k** versteht man die auf ein Teilchen bezogene universelle Gaskonstante:

$$k = \frac{R}{N_A} = \frac{8{,}3145 \cdot 10^3\,\frac{J}{K \cdot kmol}}{6{,}0221 \cdot 10^{26}\,\frac{1}{kmol}} = 1{,}3807 \cdot 10^{-23}\,\frac{J}{K}$$

12 Das **allgemeine Gasgesetz** ($\rightarrow 43|3$) nimmt unter Verwendung der universellen molaren Gaskonstanten R bzw. der Boltzmannkonstanten k folgende Formen an:

a) $\mathbf{p \cdot V = n \cdot R \cdot T}$

b) $\mathbf{p \cdot V = N \cdot k \cdot T}$

n bzw. N bezeichnen dabei die Stoffmenge des Gases bzw. die Anzahl der Gasteilchen.

Begründung: ($\rightarrow 43|12a$) folgt unmittelbar aus ($\rightarrow 43|3$; 10). Hieraus lässt sich Variante ($\rightarrow 43|12b$) in folgender Weise gewinnen:

$$n \cdot R \overset{(\rightarrow 43|11)}{=} n \cdot k \cdot N_A = k \cdot n \cdot N_A \overset{(\rightarrow 43|6)}{=} k \cdot \frac{m}{m_{abs}} = k \cdot N$$

Beispiel: Kompression von Stickstoff   13

1,60 g molekularer Stickstoff (N_2) werden ausgehend vom Zustand 1 ($T_1 = 300$ K, $V_1 = 1{,}50 \cdot 10^{-3}$ m³) isotherm komprimiert, bis der Gasdruck um 35 % zugenommen hat (Zustand 2).

a) Berechnen Sie den Gasdruck vom Zustand 1.
b) Welches Volumen nimmt das Gas im Zustand 2 ein?
c) Welche isochore Temperaturänderung führt den Gasdruck, ausgehend vom Zustand 2, wieder auf den Wert von Zustand 1 zurück?

Lösung:

Vorab wird die Anzahl N aller N_2-Moleküle berechnet:

$$N = \frac{m}{m_{abs}(N_2)} = \frac{1{,}60 \cdot 10^{-3} \text{ kg}}{2 \cdot 14{,}0 \cdot 1{,}66 \cdot 10^{-27} \text{ kg}} = 3{,}44 \cdot 10^{22}$$

a) Auflösen der universellen Gasgleichung ($\rightarrow$ 43|12 b) nach p und Einsetzen der Werte für N, T und V ergibt:

$$p_1 \cdot V_1 = N \cdot k \cdot T_1$$

$$\Rightarrow \quad p_1 = \frac{N \cdot k \cdot T_1}{V_1} = \frac{3{,}44 \cdot 10^{22} \cdot 1{,}38 \cdot 10^{-23} \frac{J}{K} \cdot 300 \text{ K}}{1{,}50 \cdot 10^{-3} \text{ m}^3}$$

$$= 9{,}49 \cdot 10^4 \frac{N}{m^2}$$

Im Zustand 1 besitzt das Gas den Druck 949 hPa.

b) Anwenden der allgemeinen Gasgleichung ($\rightarrow$ 43|3) liefert:

$$\frac{p_2 \cdot V_2}{T_2} = \frac{p_1 \cdot V_1}{T_1}$$

$$\overset{T_1 = T_2}{\Rightarrow} \quad V_2 = \frac{p_1 \cdot V_1}{p_2} = \frac{p_1 \cdot 1{,}50 \cdot 10^{-3} \text{ m}^3}{1{,}35 \cdot p_1} = 1{,}11 \cdot 10^{-3} \text{ m}^3$$

Im Zustand 2 nimmt das Gas ein Volumen von 1,11 ℓ ein.

c) Erneutes Anwenden der allgemeinen Gasgleichung ergibt:

$$\frac{p_2 \cdot V_2}{T_2} = \frac{p_1 \cdot V_x}{T_x}$$

$$\overset{V_2 = V_x}{\Rightarrow} \quad T_x = \frac{p_1 \cdot T_2}{p_2} = \frac{p_1 \cdot 300 \text{ K}}{1{,}35 \cdot p_1} = 222 \text{ K}$$

Die Temperatur muss also um 78 K gesenkt werden.

14 Befindet sich ein **Gemisch mehrerer idealer Gase** in einem Behälter vom Volumen V, so versteht man unter dem **Partialdruck** einer Komponente den Druck, den diese ausübte, wenn sie das Volumen V alleine einnähme. Der **Gesamtdruck** des Gasgemisches ergibt sich als **Summe der Partialdrücke** der Einzelkomponenten.

15 Ein ideales Gas ist dadurch gekennzeichnet, dass seine Moleküle ein verschwindend kleines Volumen besitzen und verschwindend kleine Kräfte aufeinander ausüben (→ 45|1). Gase, die diese Voraussetzungen nicht erfüllen, heißen **reale Gase**. Sie werden in guter Näherung durch die **van-der-Waals-Gleichung**

$$\left(p + \frac{a}{V_s^2} \right) \cdot (V_s - b) = R \cdot T$$

beschrieben. Dabei bedeuten

- V_s das in $\frac{m^3}{kmol}$ gemessene spezifische Volumen,
- b die Summe der Molekülvolumina,
- $\frac{a}{V_s^2}$ den Zusatzdruck, der durch die gegenseitige Anziehung der Moleküle infolge der **van-der-Waals-Kräfte** entsteht. Diese sind elektromagnetischen Ursprungs und werden wirksam, wenn die Abstände der Molekülzentren größenordnungsmäßig kleiner als 10^{-9} m sind.

16 Das **unterschiedliche Verhalten von realen und idealen Gasen** lässt sich an ihren Isothermen im V-p-Diagramm veranschaulichen (siehe Abbildung). Bei idealen Gasen handelt es sich dabei um Hyperbeläste. Eine isotherme Volumenverkleinerung führt immer zu einem Druckanstieg. Ein reales Gas verhält sich bei höheren Temperaturen (z. B. bei 48,1 °C im Bild rechts) wie ein ideales Gas. Auch bei kleineren Temperaturen nimmt der Druck bei stetiger Verringerung des Gasvolumens zunächst zu, bleibt dann aber konstant und steigt anschließend wieder beträchtlich an (siehe z. B. die Isotherme zu 13,1 °C). Das Gas beginnt nämlich zu verflüssigen, wenn die Isotherme den rechten Rand des blauen Gebiets erreicht hat, liegt im waagerechten Teil der Isotherme in einer Mischung aus gasförmiger und flüssiger Phase vor und ist links vom blauen Gebiet nur noch flüssig.

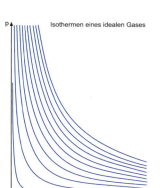

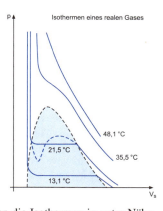

Außerhalb des blauen Gebiets werden die Isothermen in guter Nähe-
rung durch die van-der-Waals-Gleichung beschrieben (→ 43 | 15).
Innerhalb weist die van-der-Waals-Kurve zwei relative Extrema auf
(blau gestrichelte Kurve), die im Experiment nicht bestätigt werden.
Der gemessene waagerechte Isothermenverlauf ist dadurch gekenn-
zeichnet, dass die beiden Flächenstücke zwischen der Horizontalen
und der van-der-Waals-Kurve den gleichen Inhalt besitzen.
Erreicht die Isotherme das blaue Gebiet nicht, so ist bei dieser Temperatur eine Gasverflüssigung ausgeschlossen.

44 Wärmemenge

Unter einer **Wärmemenge** versteht man einen bestimmten Energie- **1**
betrag, der in Form von Wärme in einem System gespeichert ist. Das
Formelzeichen für die Wärmemenge ist Q, ihre **Einheit** ist das **Joule
(Einheitenzeichen J)**. Die Gefahr der Verwechslung mit der elektrischen Ladung besteht kaum.

Wird einem festen oder flüssigen Körper der Masse m die Wärme- **2**
menge Q entzogen bzw. zugeführt, ändert sich seine Temperatur um
den Betrag $\Delta\vartheta$. Die Erfahrung zeigt, dass

$$Q = c \cdot m \cdot \Delta\vartheta.$$

Die materialabhängige Größe c heißt **spezifische Wärmekapazität** und ist bei nicht zu hohen oder zu tiefen Temperaturen eine Konstante. Ausgedrückt durch die SI-Basiseinheiten besitzt sie die **Einheit** $\frac{m^2}{K \cdot s^2}$. Gebräuchlicher ist die abgeleitete Einheit $\frac{J}{K \cdot kg}$.

3 Die bei Berührung von einem warmen Körper an einen kälteren abgegebene Wärmemenge ist gleich der Wärmemenge, die vom kälteren Körper aufgenommen wird.

Berührt oder mischt man zwei Körper der Massen m_1 bzw. m_2 und der Temperaturen ϑ_1 bzw. ϑ_2 ($\vartheta_1 > \vartheta_2$) mit den spezifischen Wärmekapazitäten c_1 bzw. c_2, so stellt sich eine Mischungstemperatur ϑ_m ein ($\vartheta_1 > \vartheta_m > \vartheta_2$) und es gilt:

$$c_1 \cdot m_1 \cdot (\vartheta_1 - \vartheta_m) = c_2 \cdot m_2 \cdot (\vartheta_m - \vartheta_2)$$

Mithilfe dieser Beziehung lässt sich die spezifische Wärmekapazität eines der beiden Körper bestimmen, wenn die des anderen sowie alle Massen und Temperaturen bekannt sind.

4 Unter der **molaren Wärmekapazität** C_m eines Stoffes versteht man die Wärmemenge, die notwendig ist um 1 Mol des Stoffs um 1 K zu erwärmen:

$$C_m = c \cdot M$$

M bezeichnet dabei die Masse eines Mols.

5 Ausgedrückt durch die SI-Basiseinheiten besitzt die molare Wärmekapazität die **Einheit** $\frac{kg \cdot m^2}{K \cdot s^2 \cdot mol}$. Gebräuchlicher ist die abgeleitete Einheit $\frac{J}{K \cdot mol}$.

6 Unter Verwendung der molaren Wärmekapazität lautet die Beziehung (→ 44|2):

$$Q = n \cdot C_m \cdot \Delta\vartheta$$

n bezeichnet dabei die Stoffmenge (→ 42|6).

Begründung:

$$Q \overset{(\to 44|2)}{=} c \cdot m \cdot \Delta\vartheta = c \cdot n \cdot M \cdot \Delta\vartheta = n \cdot c \cdot M \cdot \Delta\vartheta \overset{(\to 44|4)}{=} n \cdot C_m \cdot \Delta\vartheta$$

Die Erfahrung zeigt, dass die **spezifische Wärmekapazitäten bei** ⁊
Gasen von äußeren Bedingungen abhängen. Je nachdem, ob das Gas
eine Wärmemenge bei **konstantem Druck** oder bei **konstantem**
Volumen aufgenommen oder abgegeben hat, werden die zugehörigen
spezifischen Wärmekapazitäten mit c_p und c_V bezeichnet. Messun-
gen zeigen, dass c_p stets größer als c_V ist ($\rightarrow$ 50|8).

Messung von c_p

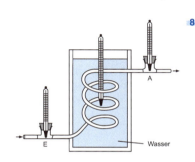

c_p lässt sich mit der im Bild
skizzierter Versuchanordnung
messen. Eine Gasmenge der
Masse m_G tritt bei E mit der
Temperatur ϑ_E in ein Schlan-
genrohr ein, das sich in einem
mit Wasser der Masse m_W
gefüllten Kalorimetergefäß
befindet, und verlässt es bei
A mit der niedrigeren Tempe-
ratur ϑ_A, ohne dass sich der Druck des Gases verändert hat. Die
Temperatur des Kalorimetergefäß steigt dadurch von ϑ_1 auf ϑ_A. Aus

$$c_p \cdot m_G \cdot (\vartheta_E - \vartheta_A) = (c_W \cdot m_W + K) \cdot (\vartheta_A - \vartheta_1)$$

erhält man:

$$c_p = \frac{(c_W \cdot m_W + K) \cdot (\vartheta_A - \vartheta_1)}{m_G \cdot (\vartheta_E - \vartheta_A)}$$

Durch die Größe K wird die Wärmekapazität des Wassergefäßes, das
ebenfalls einen Teil der Wärmeenergie aufnimmt, berücksichtigt.

Messung von c_V

c_V lässt sich nicht direkt messen, weil die Masse des Gas fassenden
Gefäßes viel größer als die Gasmasse ist. Relativ einfach kann man
jedoch das Verhältnis

$$\kappa = \frac{c_p}{c_V}$$

messen ($\rightarrow$ 44|10) und daraus mittels c_p den Wert für c_V berechnen.

10 Messung von κ

In einer Flasche von einigen Litern Inhalt befindet sich das zu untersuchende Gas. Sein Druck
liegt nur wenig über dem äußeren Luftdruck.
Die zugehörige Höhe der Quecksilbersäule im
Manometer beträgt h_1. Öffnet man den Hahn
kurz, bis sich der Druck in der Flasche und im
Außenraum angeglichen haben, und schließt ihn
wieder, führt ein erneuter Druckanstieg dazu,
dass die Höhe der Quecksilbersäule im Manometer auf h_2 steigt. Das Gas in der Flasche kühlt

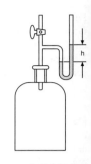

sich nämlich während des Austretens ab, nimmt aber nach Schließen
des Hahns relativ rasch wieder die Temperatur des Außenraums an.
Dabei gilt folgende Beziehung:

$$\kappa = \frac{c_p}{c_V} = \frac{h_1}{h_1 - h_2}$$

κ lässt sich auch aus der Geschwindigkeit des Schalls in dem betref-
fenden Gas berechnen.

Kinetische Gastheorie

Die kinetische Gastheorie erklärt unter Verwendung statistischer Methoden mithilfe der Gesetze der Mechanik die thermischen Eigenschaften idealer Gase aus den Bewegungen der Gasmoleküle und gestattet dabei eine atomare Deutung von Temperatur und Wärme.

45 Modellannahmen und Grundgleichung

Von den Molekülen eines idealen Gases macht man sich folgende **1** **Modellvorstellungen**:

- Ihr **Volumen** ist im Vergleich zu ihren gegenseitigen Abständen **verschwindend gering**.
- Sie üben außer bei Zusammenstößen untereinander oder mit der Gefäßwand **keine** anziehenden oder abstoßenden **Kräfte** aus.
- Bei gleich bleibender Temperatur **bewegen** sie **sich regellos**, keine Richtung im Raum wird bevorzugt. Zu jedem Geschwindigkeitsvektor eines Moleküls gibt es in jedem Augenblick einen gleich großen eines anderen Moleküls mit entgegengesetzter Richtung.
- Für den Stoß zweier Moleküle oder eines Moleküls mit der Gefäßwand gelten die Gesetze des **vollelastischen Stoßes** (→ 13|3–7).

Der **Druck** p **eines Gases** auf die Wand des einschließenden Behäl- **2** ters kommt nach den Vorstellungen der kinetischen Gastheorie durch den **unregelmäßigen Aufprall** einer sehr **großen Zahl** von **Gasmolekülen** zustande. Er lässt sich mit geringem mathematischem Aufwand durch das Volumen V des Gasbehälters, die Zahl N aller darin enthaltenen Gasmoleküle, deren Masse m und deren Geschwindigkeit ausdrücken, wenn man ergänzend zu (→ 45|1) annimmt, dass

- alle Gasmoleküle den gleichen Geschwindigkeitsbetrag v besitzen;
- der Gasbehälter ein Würfel der Kantenlänge a ist;
- die Gasmoleküle sich nur parallel zu den Würfelkanten bewegen.

3 Mit den Annahmen aus (→ 45|2) beträgt die Zahl z der Gasmoleküle, die in der Zeitspanne Δt eine Würfelwand, z. B. BCGF, erreichen:

$$z = \frac{N \cdot v \cdot \Delta t}{6a}$$

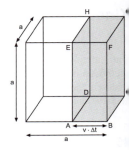

Begründung: Im Volumen a^3 des Würfels sind N Gasmoleküle enthalten, also befinden sich im Volumen $v \cdot \Delta t \cdot a^2$ des Quaders ABCDEFGH

$$\frac{N}{a^3} \cdot v \cdot \Delta t \cdot a^2 = \frac{N \cdot v \cdot \Delta t}{a}$$

Gasmoleküle. Da es gemäß Voraussetzung sechs gleichberechtigt Bewegungsrichtungen für jedes Molekül gibt, muss diese Zahl noch durch 6 dividiert werden, um z zu erhalten.

4 Da ein Gasmolekül beim vollelastischen Stoß mit der Behälterwand den Impuls

$$\Delta p_G = m \cdot v - m \cdot (-v)$$
$$= 2m \cdot v$$

tauscht, übertragen z (→ 45|3) Gasmoleküle in der Zeitspanne Δt den Impuls

$$z \cdot \Delta p_G = \frac{N \cdot v \cdot \Delta t}{6a} \cdot 2m \cdot v = \frac{N \cdot m \cdot v^2 \cdot \Delta t}{3a}$$

und üben nach (→ 12|4) auf die Gefäßwand die folgende Kraft aus:

$$F = \frac{z \cdot \Delta p_G}{\Delta t} = \frac{N \cdot m \cdot v^2}{3a}$$

5 Aus (→ 45|4) ergibt sich für den Druck p des Gases auf die Wand des einschließenden Behälters:

$$p = \frac{1}{3} \cdot \frac{N}{V} \cdot m \cdot v^2$$

Begründung:

$$p = \frac{F}{A} \overset{(\to 45|4)}{=} \frac{\frac{N \cdot m \cdot v^2}{3a}}{a^2} = \frac{1}{3} \cdot \frac{N \cdot m \cdot v^2}{a^3} = \frac{1}{3} \cdot \frac{N \cdot m \cdot v^2}{V}$$

Eine statistische Betrachtung zeigt, dass man die Geschwindigkeits- **6**
verteilung der Gasmoleküle dadurch berücksichtigen kann, dass man
v^2 durch das **mittlere Geschwindigkeitsquadrat** $\overline{v^2}$ ersetzt. Das ist
der Mittelwert der quadrierten Geschwindigkeitsbeträge aller Gasmoleküle zu einem beliebigen Zeitpunkt. Die Gleichung

$$p = \frac{1}{3} \cdot \frac{N}{V} \cdot m \cdot \overline{v^2}$$

heißt **Grundgleichung der kinetischen Gastheorie**.

Unter Verwendung der Dichte ρ des Gases lautet die Grundgleichung **7**
der kinetischen Gastheorie:

$$p = \frac{1}{3} \rho \cdot \overline{v^2}$$

Begründung: Die Beziehung folgt aus ($\to 45|6$), wenn man berück-
sichtigt, dass $N \cdot m$ die Gesamtmasse m_{ges} des Gases bezeichnet und
$\rho = \frac{m_{ges}}{V}$.

Aus der Grundgleichung der kinetischen Gastheorie lässt sich das **8**
Gesetz von Boyle-Mariotte ($\to 43|4a$) theoretisch herleiten.

Begründung: Multipliziert man die Grundgleichung ($\to 45|7$) mit V,
so erhält man:

$$p \cdot V = \frac{1}{3} \rho \cdot \overline{v^2} \cdot V = \frac{1}{3} \cdot \frac{m_{ges}}{V} \cdot \overline{v^2} \cdot V = \frac{1}{3} m_{ges} \cdot \overline{v^2}$$

Da m_{ges} und $\overline{v^2}$ bei isothermen Zustandsänderungen unverändert
bleiben, ist $\frac{1}{3} m_{ges} \cdot \overline{v^2}$ und damit das Produkt aus Druck und Volumen bei isothermen Zustandsänderungen konstant.

9 Die **mittleren Geschwindigkeitsquadrate** zweier **idealer** Gase **verhalten sich** bei gleichen Bedingungen **umgekehrt** wie ihre **Dichten**

Begründung: Nach der Grundgleichung der kinetischen Gastheorie (→ 45|7) gilt:

$$\left. \begin{array}{l} p_1 = \dfrac{1}{3}\rho_1 \cdot \overline{v_1^2} \\[2mm] p_2 = \dfrac{1}{3}\rho_2 \cdot \overline{v_2^2} \end{array} \right\} \overset{p_1 = p_2}{\Rightarrow} \ \dfrac{1}{3}\cdot\rho_1\cdot\overline{v_1^2} = \dfrac{1}{3}\cdot\rho_2\cdot\overline{v_2^2} \ \Rightarrow \ \dfrac{\overline{v_1^2}}{\overline{v_2^2}} = \dfrac{\rho_2}{\rho_1}$$

10 Zur **qualitativen Demonstration** des Sachverhalts (→ 45|9) schließt man an ein poröses Tongefäß ein Quecksilbermanometer als Druckmesser an und stülpt darüber ein Becherglas. Sobald ohne Druck- und Temperaturveränderung ausreichend Wasserstoff unter das Becherglas geströmt ist, steigt der Druck im Tongefäß an. Die Luftmoleküle besitzen nämlich nach (→ 45|9) infolge der größeren Dichte im Mittel eine kleinere Geschwindigkeit als die Wasserstoffmoleküle

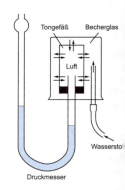

und diffundieren daher langsamer aus dem Zylinderinneren nach außen als die Wasserstoffmoleküle ins Zylinderinnere. Kurzfristig nehmen daher die Teilchenzahl und dadurch der Druck im Tongefäß zu. Dieser Überdruck verschwindet, sobald sich auf beiden Seiten der porösen Tonwand ein neuer Gleichgewichtszustand zwischen den Molekülen eingestellt hat.

46 Maxwell'sche Geschwindigkeitsverteilung

1 Obwohl sich die Geschwindigkeitsbeträge der Moleküle eines Gases stoßbedingt laufend ändern, gibt es von N insgesamt vorhandenen Molekülen stets eine konstante Anzahl ΔN, deren Geschwindigkeitsbeträge in einem Intervall der Länge Δv von v_0 bis $v_0 + \Delta v$ liegen

ΔN lässt sich über $\Delta N = N \cdot f(v_0) \cdot \Delta v$ mithilfe der von **Maxwell** theoretisch gefundenen **Verteilungsfunktion** f(v) berechnen:

$$f(v) = \frac{4v^2}{\sqrt{\pi}} \cdot \sqrt{\left(\frac{m}{2k \cdot T}\right)^3} \cdot e^{-\frac{m \cdot v^2}{2k \cdot T}}$$

m bezeichnet dabei die Masse eines Moleküls und T die absolute Temperatur des Gases.

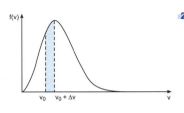

Die **relative Häufigkeit** $\frac{\Delta N}{N}$ dafür, dass der Geschwindigkeitsbetrag eines Moleküls im Intervall $[v_0; v_0 + \Delta v]$ liegt, entspricht dem Inhalt der blau getönten Fläche unter der Maxwell'schen Verteilungsfunktion.

Die Verteilungsfunktion gestattet keine Aussage über die Anzahl der Moleküle, die exakt die Geschwindigkeit v_0 besitzen.

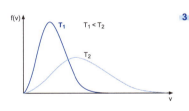

Je **höher** die **Gastemperatur** ist, desto **flacher und breiter** verläuft die Maxwell'sche **Verteilungsfunktion**. Ihr relatives Maximum verschiebt sich mit steigender Temperatur zu höheren Geschwindigkeiten hin.

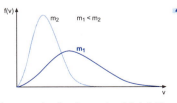

Die Maxwell'schen **Verteilungsfunktionen** chemisch unterschiedlicher Gase gleicher Temperatur verlaufen umso **flacher und breiter**, je **kleiner** die **Masse** der Moleküle ist. In Übereinstimmung mit (→ 45|9) verschiebt sich ihr relatives Maximum mit abnehmender Molekülmasse zu höheren Geschwindigkeiten hin.

5 Das Maximum der Maxwell'schen Verteilungsfunktion kennzeichne die **wahrscheinlichste Geschwindigkeit** v_w. Es gilt:

$$v_w = \sqrt{\frac{2k \cdot T}{m}}$$

6 Die **mittlere Geschwindigkeit** ist durch den (mit der Maxwell'sche Verteilungsfunktion gewichteten) Mittelwert aller Geschwindigkeits beträge bestimmt und wird mit $\overline{v}$ bezeichnet. Es gilt:

$$\overline{v} = \sqrt{\frac{8k \cdot T}{\pi \cdot m}}$$

7 Für den **Mittelwert $\overline{v^2}$ der Geschwindigkeitsquadrate** gilt:

$$\overline{v^2} = \sqrt{\frac{3k \cdot T}{m}}$$

8 **Merkregel zur Maxwell'schen Geschwindigkeitsverteilung**
Die wahrscheinlichste Geschwindigkeit v_w, die mittlere Geschwin digkeit $\overline{v}$ und der Mittelwert $\overline{v^2}$ der Geschwindigkeitsquadrate hän gen in folgender Weise zusammen:

- $v_w < \overline{v} < \sqrt{\overline{v^2}}$
- $\overline{v} = 0{,}92 \cdot \overline{v^2}$

9 Zur **Messung der Geschwindigkeiten von Silberatomen nach Otto Stern** spannt man in der Achse zweier konzentrischer, hochevakuierter Metallzylinder mit den Innenradien r und R einen beheizbaren versilberten Platindraht, von dem bei genügend hoher Temperatur Silberatome abdampfen (siehe Abbildung). Ein Teil davon flieg geradlinig durch einen Schlitz im inneren Zylinder und schlägt sich auf der Innenwand des äußeren Zylinders bei A nieder.

Dreht sich die Anordnung um ihre Symmetrieachse mit der Frequenz f, einmal im positiven, dann im negativen Drehsinn, so treffen Silberatome mit gleichem Geschwindigkeitsbetrag v bei den zu A symmetrisch gelegenen Stellen B und C auf. Es gilt:

$$v = \frac{(R - r) \cdot 4R \cdot \pi \cdot f}{\overline{BC}}$$

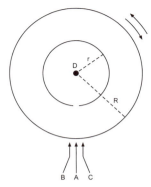

Begründung: In der Zeit $\Delta t = \frac{R-r}{v}$, in der ein Silberatom mit dem Geschwindigkeitsbetrag v die Strecke R – r zurücklegt, bewegt sich ein Punkt auf dem Außenzylinder mit der Bahngeschwindigkeit

$$v \overset{(\to 14\,|\,5)}{=} R \cdot \omega \overset{(\to 14\,|\,4c)}{=} R \cdot 2\pi \cdot f$$

um die Strecke

$$\frac{\overline{BC}}{2} = R \cdot 2\pi \cdot f \cdot \Delta t = R \cdot 2\pi \cdot f \cdot \frac{R-r}{v}.$$

Daraus erhält man durch Auflösen nach v die angegebene Beziehung.

Die **Geschwindigkeitsbeträge von Atomstrahlen** lassen sich auch **10** mit einer sogenannten **Chopper-Anordnung** messen, bei der zwei konzentrisch auf einer Achse im Abstand s befestigte Scheiben im Vakuum mit der Frequenz f rotieren (siehe Abbildung). Nur Atome mit dem Geschwindigkeitsbetrag

$$v = \frac{2\pi \cdot f \cdot s}{\varphi + k \cdot 2\pi}, \quad k \in \mathbb{N},$$

können die im gleichen Abstand von der Achse angebrachten und gegeneinander um den Winkel φ verdrehten Schlitze in den Scheiben durchfliegen.

Begründung: Ein Atom durchfliegt beide
Schlitze, wenn sich die zweite Scheibe
in der Zeit Δt, die das Atom zum Zurück-
legen der Strecke s benötigt, um den
Winkel $\varphi + k \cdot 2\pi$, $k = 1, 2, \ldots$, dreht.
Aus

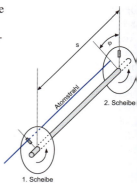

$$\varphi + k \cdot 2\pi = \omega \cdot \Delta t = 2\pi \cdot f \cdot \Delta t$$

und

$$\Delta t = \frac{s}{v}$$

folgt:

$$\varphi + k \cdot 2\pi = 2\pi \cdot f \cdot \frac{s}{v}$$

Auflösen nach v liefert die angegebene
Beziehung.

11 Die experimentell bestimmten Atomgeschwindigkeiten bestätigen die
Maxwell'sche Geschwindigkeitsverteilung ($\rightarrow 46\,|\,1$).

47 Kinetische Deutung der Temperatur

1 Die absolute Temperatur T eines idealen Gases ist zum Mittelwert
$\overline{E_{kin}}$ der kinetischen Energien seiner Moleküle proportional. Für ein
einatomiges, ideales Gas gilt:

$$T = \frac{2}{3} \cdot \frac{\overline{E_{kin}}}{k}$$

k bezeichnet dabei die Boltzmannkonstante.

Begründung: Aus der Grundgleichung der kinetischen Gastheorie
($\rightarrow 45\,|\,6$) folgt durch beidseitiges Multiplizieren mit V zunächst:

$$p \cdot V = \frac{1}{3} N \cdot m \cdot \overline{v^2}$$

Erweitert man auf der rechten Seite mit 2, so erhält man:

$$p \cdot V = \frac{2}{3} N \cdot \frac{m \cdot \overline{v^2}}{2} = \frac{2}{3} N \cdot \overline{E_{kin}}$$

In dieser Beziehung ersetzt man $p \cdot V$ mithilfe des allgemeinen Gasgesetzes ($\rightarrow 43 | 12b$) durch $N \cdot k \cdot T$ und gelangt damit zu

$$N \cdot k \cdot T = \frac{2}{3} N \cdot \overline{E_{kin}}$$

und nach beidseitigem Dividieren mit $N \cdot k$ zur Beziehung ($\rightarrow 47 | 1$).

Die Beziehung ($\rightarrow 47 | 1$) führt die phänomenologische, wärmetheoretische Größe **Temperatur** auf die mechanische, jedoch nur statistisch erfassbare Größe **mittlere kinetische Energie** zurück. Die Wärmelehre kann somit als statistische Mechanik einer sehr großen Zahl von Teilchen aufgefasst werden.

In einem idealen Gas der Temperatur T, dessen Teilchen **Atome** sind, besitzt jedes **Atom** im Mittel die **kinetische Energie**:

$$\overline{E_{kin}} = \frac{3}{2} k \cdot T$$

Begründung: Die Beziehung folgt, wenn man ($\rightarrow 47 | 1$) nach $\overline{E_{kin}}$ auflöst.

Die **Energie**, die in einem aus N Atomen bestehenden **idealen Gas** der Temperatur T aufgrund der Teilchenbewegung **gespeichert** ist, beträgt:

$$\overline{E_{kin}} = N \cdot \frac{3}{2} k \cdot T$$

Wie viel **Energie in** der **Bewegung von Gasmolekülen gespeichert** werden kann, wird durch deren **Bauweise** bestimmt. So können einatomige Gase kinetische Energie nur in der translatorischen Bewegung ihrer Atome speichern. Bei mehratomigen Gasen bieten Rotationen um zueinander senkrechte Achsen durch den Molekülschwerpunkt oder Schwingungen längs ausgezeichneter Molekülachsen zusätzliche Möglichkeiten ($\rightarrow 47 | 6$).

Es erweist sich als zweckmäßig, jedem Molekültyp eine bestimmte Zahl f von **thermodynamischen Freiheitsgraden** zuzuordnen, die angibt, auf wie viele voneinander unabhängige Möglichkeiten das

Molekül Bewegungsenergie speichern kann. Jeder Freiheitsgrad trägt nach dem **Gleichverteilungssatz** in einem Gas der Temperatur T im Mittel einen Energieanteil von $\frac{1}{2}k \cdot T$ pro Molekül zur gesamten im Gas gespeicherten Energie bei. Bei f Freiheitsgraden beträgt die mittlere kinetische Energie eines Moleküls:

$$\overline{E_{kin}} = \frac{f}{2} \cdot k \cdot T$$

7 **Beispiele:** Thermodynamische Freiheitsgrade

a) Einem **einatomigen Gasmolekül**
(z. B. He) werden f = 3 Freiheitsgrade zugeordnet, weil es sich unabhängig in jede der drei Raumrichtungen bewegen kann. Es besitzt daher in Übereinstimmung mit (→ 47|3) die mittlere kinetische Energie

$$\overline{E_{kin}} = \frac{3}{2}k \cdot T.$$

b) Bei **zweiatomigen Molekülen**
(z. B. H_2) kommen zu den drei Freiheitsgraden der Translation bei nicht zu hohen Temperaturen nur zwei **Rotationsfreiheitsgrade** hinzu (Bild A): Das Molekül kann sich um die Achsen I und II drehen, die Rotation um die Achse III hingegen liefert wegen des zu geringen Trägheitsmoments (→ 39|4) keinen nennenswerten Beitrag. Die Moleküle besitzen daher bei nicht zu hohen Temperaturen die mittlere kinetische Energie

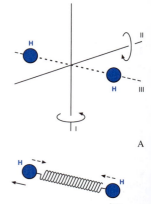

$$\overline{E_{kin}} = \frac{5}{2}k \cdot T.$$

Bei höheren Temperaturen muss ein weiterer Freiheitsgrad berücksichtigt werden, da das Molekül dann noch **Längsschwingungen** parallel zur Molekülachse ausführt (Bild B).

Dieser wird doppelt gezählt, weil die Beträge der in einer Schwingung gespeicherten Mittelwerte der kinetischen und der potenziellen Energie gleich sind. Zweiatomige Moleküle besitzen dann die mittlere kinetische Energie

$$\overline{E_{kin}} = \frac{7}{2}k \cdot T.$$

Die Zunahme der kinetischen Energie der Teilchen mit steigender Temperatur lässt sich qualitativ mit einem **Radiometer** zeigen. Das ist ein vierarmiges, in einer Glaskugel mit verdünnter Luftfüllung auf einer Nadelspitze drehbar gelagertes Flügelrädchen, dessen Flügel auf einer Seite geschwärzt, auf der anderen metallisch blank sind. Bei Lichteinfall erwärmen sich die geschwärzten Flächen stärker als die blanken und die „Flügelmoleküle" schwingen dort mit einer höheren Energie um ihre Ruhelage. Auftreffende Luftmoleküle erfahren daher auf der geschwärzten Seite eine größere Impulsänderung als auf der blanken und der Flügel erhält einen Gesamtimpuls, der von der geschwärzten zur blanken Fläche gerichtet ist. Das Rädchen dreht sich stets in die Richtung, in welche die blanken Flächen zeigen, in der Skizze also gegen den Uhrzeigersinn.

48 Mittlere freie Weglänge und Molekülgröße

Unter der **mittleren freien Weglänge** ℓ eines Gasteilchens versteht man die durchschnittliche Weglänge, die es ohne Wechselwirkung mit den anderen Gasteilchen zurücklegt.

Denkt man sich die Gasteilchen als Kugeln vom Durchmesser d, so zeigen Rechnungen, die auf den Modellannahmen (→ 45 | 1) basieren, aber über die Möglichkeiten der Schulmathematik hinausgehen, dass für die mittlere freie Weglänge in einem mit N Teilchen gefüllten Volumen V gilt:

$$\ell = \frac{V}{N \cdot d^2 \cdot \pi \cdot \sqrt{2}}$$

3 Mit numerischen Werten für ℓ, die aus Messungen zur Wärmeleitung oder inneren Reibung resultieren, lässt sich mit ($\rightarrow$ 48|2) die Größenordnung des **Teilchendurchmessers** d berechnen: $d \approx 10^{-10}$ m.

4 Die **Größenordnung von Atom- oder Moleküldurchmessern** kann auch mithilfe folgender Versuche bzw. Messgrößen ermittelt werden:

a) **Ölfleckversuch**

Fällt ein mit Benzin verdünnter Tropfen Ölsäure auf eine mit Bärlappsporen bestreute Wasseroberfläche, bildet sich ein zylinderförmiger Ölfleck

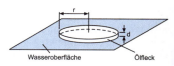

vom Radius r, dessen Höhe d dem Durchmesser eines Ölsäuremoleküls entspricht. Mit dem in einem Vorversuch bestimmten Ölvolumenanteil $V_{Öl}$ des Tropfens ergibt sich aus der Volumenformel eines Kreiszylinders:

$$d = \frac{V_{Öl}}{r^2 \cdot \pi}$$

b) **Netzebenenabstand d eines Einkristalls**

d entspricht dem Durchmesser der Kristallmoleküle und lässt sich aus den numerischen Werten für den Glanzwinkel α_k, für die Röntgenwellen-

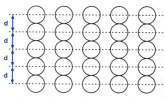

länge λ und für die Interferenzordnung k aus der **Bragg'schen Reflexionsbedingung** berechnen ($\rightarrow$ Band 3, 12|2):

$$d = \frac{k \cdot \lambda}{2 \sin \alpha}$$

c) **Masse, Stoffmenge, Dichte und Avogadrozahl**

Man betrachtet die Moleküle stark vereinfachend als Würfel der Kantenlänge d. Da ein Körper der Stoffmenge n, der Masse m und der Dichte ρ das Volumen $V = \frac{m}{\rho}$ einnimmt und $n \cdot N_A$ Moleküle enthält, gilt für den Durchmesser eines Moleküls mit $d^3 = V_{Molekül}$:

$$V_{Molekül} = \frac{V}{n \cdot N_A} = \frac{m}{n \cdot N_A \cdot \rho} \quad \Rightarrow \quad d = \sqrt[3]{\frac{m}{n \cdot N_A \cdot \rho}}$$

Hauptsätze der Wärmelehre und Wärmekraftmaschinen

49 Erster Hauptsatz der Wärmelehre

Als **innere Energie** eines abgeschlossenen Systems bezeichnet man **1** den gesamten **in** ihm gespeicherten Energiebetrag, der nur von seinem inneren Zustand abhängt. Nicht einbezogen werden also kinetische oder potenzielle Energien, die das System aufgrund einer gerichteten, makroskopischen Bewegung oder einer besonderen Lage seines Schwerpunkts besitzt. Zur inneren Energie zählen

a) die kinetische Energien, die in der ungeordneten mikroskopischen Translation, Rotation oder Schwingung der Moleküle (→ 47|6) stecken,

b) die durch die Wechselwirkung der Atome oder Moleküle bedingten Energien,

c) die in den Elektronenhüllen der Atome oder Moleküle und in den Kernen gespeicherten Bindungsenergien,

d) die den Teilchenmassen zugeordneten relativistischen Energien (→ 59|5)

e) sowie gegebenenfalls auch die in der elektrischen und magnetischen Polarisation (→ Band 2, 8|23) gespeicherten elektrischen und magnetischen Energien.

Die **innere Energie** ist eine Zustandsgröße, die nicht vom Weg ab- **2** hängt, auf dem der Zustand erreicht wird. Ihr **Formelzeichen** ist U.

Der **Erste Hauptsatz der Wärmelehre** ist eine spezielle Fassung des **3** allgemeinen Energieerhaltungssatzes für ein System, das mit der Umgebung nur die Prozessgrößen Arbeit und Wärmemenge austauscht: **Werden einem thermodynamischen System die Wärmemenge ΔQ bzw. die mechanische Arbeit ΔW entnommen** ($\Delta Q < 0$ bzw. $\Delta W < 0$) **oder zugeführt** ($\Delta Q > 0$ bzw. $\Delta W > 0$), **gilt für die Änderung seiner inneren Energie**

$$\Delta U = \Delta Q + \Delta W.$$

4 Die Erkenntnis der **Unmöglichkeit eines Perpetuum mobile 1. Ar**
– also einer periodisch arbeitenden Maschine, die ständig mehr Ener
gie liefert, als ihr zugeführt wird – wird durch den Ersten Hauptsatz
auf Wärmekraftmaschinen (→ 53) erweitert.

Begründung: Nach dem Durchlauf eines Zyklus befindet sich die
Maschine wieder im Anfangszustand, ihre innere Energie hat sich
nicht geändert. Aus $\Delta U = 0$ folgt nach dem Ersten Hauptsatz

$-\Delta W = \Delta Q.$

Der Maschine kann also höchstens so viel Energie in Form von Arbei
entnommen werden wie ihr in Form von Wärme zugeführt worden ist.

50 Analyse von Zustandsänderungen idealer Gase

1 Als **Volumenänderungsarbeit** bezeichnet man die Arbeit, die be
der Expansion bzw. Kompression eines Gases vom bzw. am Gas
verrichtet wird. Bezeichnet ΔV eine sehr kleine Volumenänderung
eines Gases bei praktisch konstantem Druck p, so gilt für die zuge
hörige sehr kleine Volumenänderungsarbeit ΔW:

$$\Delta W = p \cdot \Delta V$$

Begründung: Die für die Verschiebung
eines Kolbens um das Wegstück Δs erforderliche Kraft verrichtet die Arbeit:

$$\Delta W \overset{(\to 10|4)}{=} F \cdot \Delta s$$
$$= p \cdot A \cdot \Delta s$$
$$= p \cdot \Delta V$$

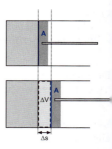

2 Für die **innere Energie** eines **idealen Gases**, das aus N Teilchen mi
je **f Freiheitsgraden** (→ 47|6) besteht, gilt:

$$U(T) = \frac{f}{2} \cdot N \cdot k \cdot T + C$$

C ist dabei eine temperaturunabhängige Konstante.

Begründung: In der Bewegung von N Gasteilchen der Temperatur T ist nach ($\rightarrow$ 47|6) die Energie $N \cdot \frac{f}{2} \cdot k \cdot T$ in Form von kinetischer Energie gespeichert. Die Konstante C erfasst die unter ($\rightarrow$ 49|1b–e) aufgeführten Energieanteile.

Ändert ein aus N Teilchen bestehendes ideales Gas seinen Zustand **3**
isotherm ($\rightarrow$ 43|4a) von (p_1, V_1, T) auf (p_2, V_2, T), so
a) **ändert** sich seine **innere Energie nicht**;
b) tauscht es mit der Umgebung die Arbeit

$$W = N \cdot k \cdot T \cdot \ln \frac{V_1}{V_2} \quad \text{bzw.} \quad W = N \cdot k \cdot T \cdot \ln \frac{p_2}{p_1};$$

c) tauscht es mit der Umgebung die Wärmemenge

$$Q = N \cdot k \cdot T \cdot \ln \frac{V_2}{V_1}.$$

Energie, die das Gas **isotherm** von außen in Form von **Wärme** (bzw. Arbeit) **aufnimmt**, **gibt** es vollständig in Form von **Arbeit** (bzw. Wärme) nach außen wieder **ab**.

Begründungen:
a) Die Aussage folgt unmittelbar aus ($\rightarrow$ 50|2).
b) Unter Berücksichtigung der Vorzeichenkonvention ($\rightarrow$ 49|3) gilt:

$$W \overset{(\rightarrow 50|1)}{=} - \int_{V_1}^{V_2} p \cdot dV \overset{(\rightarrow 43|12b)}{=} - \int_{V_1}^{V_2} \frac{N \cdot k \cdot T}{V} \cdot dV$$

$$= -N \cdot k \cdot T \cdot \int_{V_1}^{V_2} \frac{dV}{V} = -N \cdot k \cdot T \cdot \ln \frac{V_2}{V_1}$$

$$= N \cdot k \cdot T \cdot \ln \frac{V_1}{V_2}$$

Die zweite Variante der Gleichung ergibt sich hieraus unter erneuter Verwendung von ($\rightarrow$ 43|12).
c) Aus $\Delta U = 0$ folgt nach dem Ersten Hauptsatz $\Delta Q = -\Delta W$ und hieraus unter Verwendung von ($\rightarrow$ 50|3b) die Beziehung ($\rightarrow$ 50|3c).

4 Ändert ein aus N Teilchen mit je f Freiheitsgraden ($\rightarrow$ 47|6) bestehendes ideales Gas seinen Zustand **isobar** ($\rightarrow$ 43|4b) von (p, V_1, T_1) auf (p, V_2, T_2), so

a) ändert sich seine innere Energie um

$$\Delta U = \frac{f}{2} \cdot N \cdot k \cdot (T_2 - T_1);$$

b) tauscht es mit der Umgebung die Arbeit

$$W = p \cdot (V_1 - V_2) \quad \text{bzw.} \quad W = N \cdot k \cdot (T_1 - T_2);$$

c) tauscht es mit der Umgebung die Wärmemenge

$$Q = \frac{N}{N_A} \cdot C_{m,p} (T_2 - T_1).$$

Energie, die das Gas **isobar** in Form von **Wärme** (bzw. Arbeit) **auf nimmt**, verwandelt es zum **Teil in innere Energie**; den **Rest gibt** es in Form von **Arbeit** (bzw. Wärme) nach außen wieder **ab**.

Begründungen:

a) Nach ($\rightarrow$ 50|2) gilt:

$$U(T_2) - U(T_1) = \frac{f}{2} \cdot N \cdot k \cdot T_2 + C - \left(\frac{f}{2} \cdot N \cdot k \cdot T_1 + C \right)$$

$$= \frac{f}{2} \cdot N \cdot k \cdot (T_2 - T_1)$$

b) Mit ($\rightarrow$ 50|1) erhält man:

$$W \overset{(\rightarrow 50|1)}{=} - \int_{V_1}^{V_2} p \cdot dV \overset{p = \text{konstant}}{=} -p \cdot \int_{V_1}^{V_2} dV = -p \cdot (V_2 - V_1)$$

$$= p \cdot (V_1 - V_2)$$

Die zweite Variante der Gleichung ergibt sich hieraus unter erneuter Verwendung von ($\rightarrow$ 43|12).

c) Die Beziehung folgt unter Beachtung von $n = \frac{N}{N_A}$ aus ($\rightarrow$ 44|6, 7).

5 Ändert ein aus N Teilchen mit je f Freiheitsgraden ($\rightarrow$ 47|6) bestehendes ideales Gas seinen Zustand **isochor** ($\rightarrow$ 43|4) von (p_1, V, T_1) auf (p_2, V, T_2), so

a) ändert sich seine innere Energie um

$$\Delta U = \frac{f}{2} \cdot N \cdot k \cdot (T_2 - T_1);$$

b) **tauscht** es mit der Umgebung **keine Arbeit**;

c) tauscht es mit der Umgebung die Wärmemenge

$$Q = \frac{N}{N_A} \cdot C_{m,V} (T_2 - T_1).$$

Das Gas verwandelt **isochor aufgenommene Wärme** ausschließlich **in innere Energie**.

Begründungen:

a) Nach ($\rightarrow$ 50|2) gilt:

$$U(T_2) - U(T_1) = \frac{f}{2} \cdot N \cdot k \cdot T_2 + C - \left(\frac{f}{2} \cdot N \cdot k \cdot T_1 + C \right)$$

$$= \frac{f}{2} \cdot N \cdot k \cdot (T_2 - T_1)$$

b) Die Aussage folgt wegen $\Delta V = 0$ aus ($\rightarrow$ 50|1).

c) Die Beziehung folgt unter Beachtung von $n = \frac{N}{N_A}$ unmittelbar aus ($\rightarrow$ 44|6, 7).

Zustandsänderungen, bei denen **kein Wärmeaustausch** mit der Umgebung stattfindet, heißen **adiabatisch**. 6

Ändert ein aus N Teilchen mit je f Freiheitsgraden ($\rightarrow$ 47|6) bestehendes ideales Gas seinen Zustand **adiabatisch** von (p_1, V_1, T_1) auf (p_2, V_2, T_2), so 7

a) ändert sich seine innere Energie um

$$\Delta U = \frac{f}{2} \cdot N \cdot k \cdot (T_2 - T_1);$$

b) tauscht es mit der Umgebung die Arbeit

$$W = \frac{f}{2} \cdot N \cdot k \cdot (T_2 - T_1);$$

c) **tauscht** es mit der Umgebung **keine Wärme**.

Das Gas verwandelt **adiabatisch** an ihm verrichtete **Arbeit** ausschließlich **in innere Energie**.

Begründungen:

a) Nach ($\rightarrow$ 50|2) gilt:

$$U(T_2) - U(T_1) = \frac{f}{2} \cdot N \cdot k \cdot T_2 + C - \left(\frac{f}{2} \cdot N \cdot k \cdot T_1 + C \right)$$

$$= \frac{f}{2} \cdot N \cdot k \cdot (T_2 - T_1)$$

b) Die Beziehung ergibt sich aus ($\rightarrow$ 50|7a), wenn man beachtet, dass wegen $\Delta Q = 0$ nach dem Ersten Hauptsatz $W = \Delta U$ gilt.

c) Die Aussage folgt aus der Definition ($\rightarrow$ 50|6).

8 Für die **molaren Wärmekapazitäten** ($\rightarrow$ 44|4) eines idealen Gases, dessen Teilchen je f Freiheitsgrade besitzen, gilt bei

a) konstantem Volumen:

$$C_{m,V} = N_A \cdot k \cdot \frac{f}{2}$$

b) konstantem Druck:

$$C_{m,p} = N_A \cdot k \cdot \frac{f + 2}{2}$$

Begründungen:

a) Für isochore Zustandsänderungen gilt nach dem Ersten Hauptsatz unter Beachtung von ($\rightarrow$ 50|5):

$$\frac{f}{2} \cdot N \cdot k \cdot (T_2 - T_1) = \frac{N}{N_A} \cdot C_{m,V} \cdot (T_2 - T_1)$$

Daraus ergibt sich die Beziehung ($\rightarrow$ 50|8a), wenn man auf beiden Seiten durch $\frac{N}{N_A} \cdot (T_2 - T_1)$ dividiert.

b) Für isobare Zustandsänderungen gilt nach dem Ersten Hauptsatz unter Beachtung von ($\rightarrow$ 50|4):

$$\frac{f}{2} \cdot N \cdot k \cdot (T_2 - T_1) = N \cdot k \cdot (T_1 - T_2) + \frac{N}{N_A} \cdot C_{m,p} \cdot (T_2 - T_1)$$

Daraus folgt die Beziehung ($\rightarrow$ 50|8b), wenn man auf beiden Seiten $- N \cdot k \cdot (T_1 - T_2)$ addiert und anschließend die neue Gleichung auf beiden Seiten durch $\frac{N}{N_A} \cdot (T_2 - T_1)$ dividiert (Reihenfolge der Indizes beachten!).

Die Ursache für $C_{m,p} > C_{m,V}$ ist die nur bei isobarer, nicht aber bei **9** isochorer Erwärmung auftretende Volumenvergrößerung, die zusätzliche Energie erfordert.

Obwohl die Wärmekapazität eine makroskopische Größe ist, werden **10** aus Gründen der übersichtlicheren mathematischen Darstellung bisweilen die auf ein Gasteilchen bezogenen Wärmekapazitäten

$$\frac{C_{m,V}}{N_A} = \frac{f}{2} \cdot k \quad \text{und} \quad \frac{C_{m,p}}{N_A} = \frac{f+2}{2} \cdot k$$

verwendet.

Die Kurven, die in V-p-, T-p- bzw. V-T-Diagrammen isotherme, **11** isobare, isochore oder adiabatische Prozesse darstellen, werden als **Isothermen**, **Isobaren**, **Isochoren** oder **Adiabaten** bezeichnet.
Für ein ideales Gas ergibt sich der Verlauf von Isothermen, Isobaren und Isochoren aus seiner Zustandsgleichung ($\rightarrow$ 43|12); Adiabaten gehorchen den sogenannten **Poisson'schen Gleichungen,** in denen

$$\kappa = \frac{C_{m,p}}{C_{m,v}}$$

gilt.

a) **V-p-Diagramm**

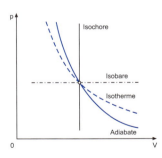

Adiabate: $p \cdot V^{\kappa} = \text{konstant}$

Isotherme: $p \cdot V = \text{konstant}$

Isobare: $p = \text{konstant}$

Isochore: $V = \text{konstant}$

b) **T-p-Diagramm**

Adiabate: $\dfrac{p^{\kappa-1}}{T^{\kappa}} = \text{konstant}$

Isotherme: $T = \text{konstant}$

Isobare: $p = \text{konstant}$

Isochore: $\dfrac{p}{T} = \text{konstant}$

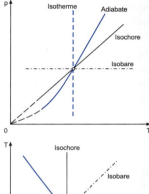

c) **V-T-Diagramm**

Adiabate: $T \cdot V^{\kappa-1} = \text{konstant}$

Isotherme: $T = \text{konstant}$

Isobare: $\dfrac{V}{T} = \text{konstant}$

Isochore: $V = \text{konstant}$

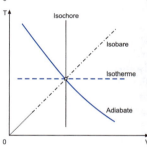

51 Zweiter und Dritter Hauptsatz der Wärmelehre

1 Der **Zweite Hauptsatz der Wärmelehre** ist ein Erfahrungssatz, der die Ablaufrichtung von thermodynamischen Prozessen, die nach dem Ersten Hauptsatz prinzipiell zulässig sind, einschränkt.

Inhaltlich äquivalente Fassungen des Zweiten Hauptsatzes, deren Formulierungsunterschiede sich aus dem Erkenntnisfortschritt der Physik im 19. Jahrhundert erklären, lauten:

a) Es gibt kein **Perpetuum mobile 2. Art**, also keine periodisch arbeitende Maschine, die bei jedem Umlauf nichts anderes bewirkt als einem Wärmebehälter Energie in Form von Wärme zu entziehen und diese restlos in mechanische Arbeit umzuwandeln.

b) Wärme geht von selbst nur von einem wärmeren auf einen kälteren Körper über.

c) Alle natürlichen und technischen Prozesse sind irreversible Prozesse, also Vorgänge, bei denen das System ohne Änderungen in der Umgebung nicht in den Ausgangszustand zurückkehren kann.

d) Jedes System geht von selbst stets in einen wahrscheinlicheren Zustand über.

Die Ablaufrichtung thermodynamischer Prozesse lässt sich quantitativ mit der Zustandsgröße **Entropie** erfassen. Ihr **Formelzeichen** lautet S, ihre **Einheit** ist $\frac{J}{K}$.

Bezeichnen P_1 bzw. P_2 die Wahrscheinlichkeiten für den Anfangs- bzw. Endzustand eines Systems, so gilt für die Entropieänderung ΔS:

$$\Delta S = k \cdot \ln \frac{P_2}{P_1}$$

k bezeichnet dabei die Boltzmannkonstante ($\rightarrow$ 43|11).

Bei einer Entropiezunahme geht das System in einen Zustand größerer Wahrscheinlichkeit über, der durch eine größere, durch die Wärmebewegung der Teilchen bedingte Unordnung charakterisiert ist.

Der **Zweite Hauptsatz** heißt unter Verwendung des Entropiebegriffs:

In einem abgeschlossenen System verlaufen alle Naturvorgänge stets so, dass die Entropie des Systems zunimmt.

Experimente von Nernst und theoretische Überlegungen von Planck führten auf den **Dritten Hauptsatz der Wärmelehre**, für den eine im Rahmen der Schulphysik mögliche Formulierung lautet:

Der absolute Temperaturnullpunkt T = 0 K lässt sich prinzipiell nie erreichen.

52 Carnot'scher und Stirling'scher Kreisprozess

1 Unter einem **Kreisprozess** versteht man eine Aufeinanderfolge von Zustandsänderungen eines thermodynamischen Systems, nach denen sich dieses wieder im Ausgangszustand befindet.

2 In jedem thermodynamischen Diagramm (→ 50|11) ist die Zustandskurve eines Kreisprozesses geschlossen. Speziell in einem V-p-Diagramm entspricht der Inhalt der eingeschlossenen Fläche dem Betrag der Summe aller mechanischen Arbeiten, die mit der Umgebung getauscht wurden.

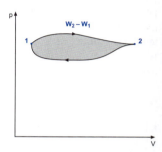

Begründung: Ändert die Arbeitssubstanz ihren Zustand längs des oberen Wegs von 1 nach 2, so gibt sie dabei die mechanische Arbeit W_2 nach außen ab (Bild links). Für die Rückkehr in den Anfangszustand von 2 nach 1 längs des unteren Wegs muss die mechanische Arbeit W_1 zugeführt werden (Bild rechts). Die Bilanz der Arbeiten entspricht daher der Flächendifferenz, also der von der Zustandskurve des Kreisprozess eingeschlossenen Fläche.

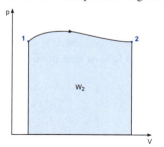
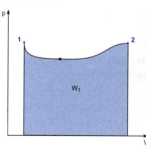

Für die Beurteilung der Effizienz thermischer Maschinen (→ 53|1,5)
kommen dem

Carnot'schen Kreisprozess | **Stirling'schen Kreisprozess**

besondere Bedeutung zu. Bei beiden Prozessen durchläuft ein ideales Gas reversibel abwechselnd

Isothermen und Adiabaten | Isothermen und Isochoren

und erreicht den Ausgangszustand wieder nach 4 aufeinander folgenden Zustandsänderungen.

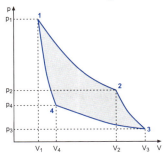 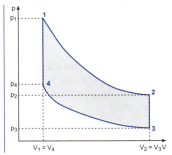

Bei der **1. Zustandsänderung** wird das Gas bei der Temperatur T_h
isotherm von V_1 auf V_2 **expandiert**. Dabei nimmt es von außen
(→ 50|3) Energie in Form von Wärme

$$Q_{1\to2} = N \cdot k \cdot T_h \cdot \ln\frac{V_2}{V_1}$$

auf und gibt sie nach außen vollständig in Form von mechanischer
Arbeit

$$W_{1\to2} = N \cdot k \cdot T_h \cdot \ln\frac{V_1}{V_2}$$

wieder ab.

5 Bei der **2. Zustandsänderung** wird das Gas

adiabatisch von V_2 auf V_3 **expandiert**. Seine Temperatur sinkt von T_h auf T_k.

isochor von T_h auf T_k **abgekühlt**.

Den Überschuss an innerer Energie gibt es

nach ($\rightarrow 50|7$) in Form von mechanischer Arbeit

$$W_{2\rightarrow 3} = \frac{f}{2} \cdot N \cdot k \cdot (T_k - T_h)$$

nach ($\rightarrow 50|5$) in Form von Wärme

$$Q_{2\rightarrow 3} = \frac{N}{N_A} \cdot C_{m,V} \cdot (T_k - T_h)$$

nach außen ab.

6 Bei der **3. Zustandsänderung** wird das Gas bei der Temperatur T_k, $T_k < T_h$, **isotherm** von V_3 auf V_4 **komprimiert**.
Dabei nimmt es von außen nach ($\rightarrow 50|3$) Energie in Form mechanischer Arbeit

$$W_{3\rightarrow 4} = N \cdot k \cdot T_k \cdot \ln\frac{V_3}{V_4}$$

auf und gibt sie vollständig in Form von Wärme

$$Q_{3\rightarrow 4} = N \cdot k \cdot T_k \cdot \ln\frac{V_4}{V_3}$$

nach außen wieder ab.

7 Bei der **4. Zustandsänderung** wird das Gas

adiabatisch von V_4 auf V_1 **komprimiert**. Seine Temperatur steigt von T_k auf T_h.

isochor von T_k auf T_h **erwärmt**.

Die dabei von außen zugeführte

mechanische Arbeit ($\rightarrow 50|7$)

$$W_{4\rightarrow 1} = \frac{f}{2} \cdot N \cdot k \cdot (T_h - T_k)$$

Wärme ($\rightarrow 50|5$)

$$Q_{4\rightarrow 1} = \frac{N}{N_A} \cdot C_{m,V} \cdot (T_h - T_k)$$

wird vollständig in innere Energie umgewandelt.

Unter Berücksichtigung des jeweiligen Vorzeichens ist die Summe **8** W_{ges} aller **mit der Umgebung getauschten mechanischen Arbeiten** bei beiden Kreisprozessen gleich. Es gilt:

$$W_{ges} = -N \cdot k \cdot \ln \frac{V_2}{V_1} \cdot (T_h - T_k) \text{ oder alternativ}$$

$$W_{ges} = -N \cdot k \cdot \ln \frac{V_3}{V_4} \cdot (T_h - T_k)$$

Begründung: Für den

Carnot'schen Prozess	**Stirling'schen Prozess**

gilt mit den Beziehungen aus ($\rightarrow 52|4-7$)

$W_{ges} = W_{1 \rightarrow 2} + W_{2 \rightarrow 3}$ $\quad\quad + W_{3 \rightarrow 4} + W_{4 \rightarrow 1}$	$W_{ges} = W_{1 \rightarrow 2} + W_{3 \rightarrow 4}$

und somit in beiden Fällen:

$$W_{ges} = -N \cdot k \cdot T_h \cdot \ln \frac{V_1}{V_2} + N \cdot k \cdot T_k \cdot \ln \frac{V_3}{V_4} \quad (*)$$

Unter Verwendung der Poisson-Gleichung ($\rightarrow 50|11$ c) für Adiabaten	Unter Verwendung von
$T_h \cdot V_2^{\kappa-1} = T_k \cdot V_3^{\kappa-1}$ $T_h \cdot V_1^{\kappa-1} = T_k \cdot V_4^{\kappa-1}$	$V_2 = V_3$ $V_1 = V_4$

erhält man, indem man gleiche Seiten der oberen durch gleiche Seiten der unteren Gleichung dividiert:

$$\frac{V_2}{V_1} = \frac{V_3}{V_4} \quad (**)$$

Einsetzen von ($**$) in ($*$) ergibt die Beziehungen ($\rightarrow 52|8$).

53 Zur Physik thermischer Maschinen

1 Unter einer **Wärmekraftmaschine** versteht man eine periodisch arbeitende Maschine, die während eines Umlaufs aus einem heißen Wärmereservoir der Temperatur T_h Energie in Form von Wärme Q_{zu} bezieht, diese zum Teil ($\rightarrow$ 51|1a) in mechanische Nutzarbeit W_{ab} umwandelt und den Restbetrag in Form von Wärme Q_{ab} einem kalten Wärmereservoir der Temperatur T_k zuführt. Ihr **Wirkungsgrad** η ist der Quotient

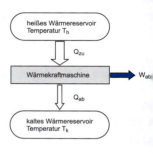

$$\eta = \frac{|W_{ab}|}{|Q_{zu}|}$$

2 Im Uhrzeigersinn durchlaufene Carnot- oder Stirling-Kreisprozesse ($\rightarrow$ 52|3) sind Wärmekraftmaschinen, weil jeweils von einem heißen Wärmereservoir bei der Temperatur T_h Energie $Q_{1 \rightarrow 2}$ in Form von Wärme aufgenommen, teilweise in Arbeit umgewandelt und der Restbetrag $Q_{3 \rightarrow 4}$ bei der tieferen Temperatur T_k in Form von Wärme wieder an ein kaltes Wärmereservoir abgegeben wird.

Die beim Stirling'schen Prozess im zweiten Schritt abgegebene Wärmemenge $Q_{2 \rightarrow 3}$ kann nach Zwischenspeicherung dem Gas im vierten Schritt als Wärmemenge $Q_{4 \rightarrow 1}$ wieder zugeführt werden. $Q_{2 \rightarrow 3}$ und $Q_{4 \rightarrow 1}$ werden daher nicht in eine Wärmemengenbilanz aufgenommen.

3 Der **Wirkungsgrad** eines zwischen den Temperaturen $T_k < T_h$ **im Uhrzeigersinn** reversibel laufenden **Carnot-** oder **Stirling-Prozesses** beträgt:

$$\eta = \frac{T_h - T_k}{T_h}$$

Begründung: Für beide Prozesse gilt nach ($\rightarrow 52\,|\,8$)

$$\left| W_{ab} \right| = \left| -N \cdot k \cdot \ln \frac{V_2}{V_1} \cdot (T_h - T_k) \right|$$

$$= N \cdot k \cdot \ln \frac{V_2}{V_1} \cdot (T_h - T_k)$$

und nach ($\rightarrow 52\,|\,4$)

$$\left| Q_{zu} \right| = Q_{1 \rightarrow 2} = N \cdot k \cdot T_h \cdot \ln \frac{V_2}{V_1}.$$

Hieraus folgt durch Einsetzen und anschließendes Kürzen:

$$\eta = \frac{\left| W_{ab} \right|}{\left| Q_{zu} \right|} = \frac{T_h - T_k}{T_h}$$

Mithilfe des Zweiten Hauptsatzes ($\rightarrow 51\,|\,1$) lässt sich allgemein zei- **4** gen, dass der **Wirkungsgrad jeder periodisch zwischen den Temperaturen $T_k < T_h$ arbeitenden Wärmekraftmaschine nicht größer als**

$$\frac{T_h - T_k}{T_h}$$

sein kann.

Unter einer **Kraftwärmemaschine** versteht man eine periodisch **5** arbeitende Maschine, die während eines Umlaufs aus einem kalten Wärmereservoir der Temperatur T_k Energie in Form von Wärme Q_{zu} bezieht und unter Zufuhr von mechanischer Arbeit W_{zu} den Energiebetrag $Q_{ab} = \left| Q_{zu} \right| + \left| W_{zu} \right|$ in Form von Wärme an ein heißes Wärmereservoir der Temperatur T_h abgibt.

Man unterscheidet dabei zwei Typen von Kraftwärmemaschinen, die **Wärmepumpe** und die **Kältemaschine**.

Bei einer

Wärmepumpe	**Kältemaschine**
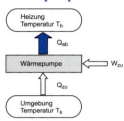	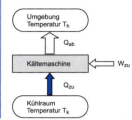

ist man an einer

Aufheizung des heißen Reservoirs	**Abkühlung des kalten Reservoirs**

interessiert. Der zugehörige Wirkungsgrad ist definiert als

$$\eta = \frac{|Q_{ab}|}{|W_{zu}|}. \qquad\qquad \eta = \frac{|Q_{zu}|}{|W_{zu}|}.$$

6 Gegen den Uhrzeigersinn laufende Carnot- oder Stirling-Kreisprozesse (→ 52|3) sind Kraftwärmemaschinen, weil jeweils von einem kalten Wärmereservoir bei der Temperatur T_k Energie $Q_{4\to3}$ (→ 52|6) in Form von Wärme aufgenommen und unter Zufuhr von Arbeit als Wärme $Q_{2\to1}$ (→ 52|4) bei der höheren Temperatur T_h wieder an ein heißes Wärmereservoir abgegeben wird.

Auch hier brauchen beim Stirling'schen Prozess die Wärmemengen $Q_{3\to2}$ und $Q_{1\to4}$ aus den in (→ 53|2) genannten Gründen nicht in eine Wärmemengenbilanz aufgenommen werden.

7 Wird ein **Carnot-** oder **Stirling-Prozess** zwischen den Temperaturen $T_k < T_h$ gegen den Uhrzeigersinn reversibel durchlaufen, so gilt für seinen Wirkungsgrad als

Wärmepumpe	**Kältemaschine**
$\eta = \dfrac{T_h}{T_h - T_k}.$	$\eta = \dfrac{T_k}{T_h - T_k}.$

Begründung: Aus den Beziehungen ($\rightarrow 52\,|\,8$)

$$\left|W_{zu}\right| = N \cdot k \cdot \ln\frac{V_2}{V_1} \cdot (T_h - T_k) \qquad \left|W_{zu}\right| = N \cdot k \cdot \ln\frac{V_3}{V_4} \cdot (T_h - T_k)$$

und ($\rightarrow 52\,|\,4$)   und ($\rightarrow 52\,|\,6$)

$$\left|Q_{ab}\right| = \left|Q_{2\rightarrow 1}\right| \qquad\qquad \left|Q_{zu}\right| = Q_{4\rightarrow 3}$$

$$= N \cdot k \cdot \ln\frac{V_2}{V_1} \cdot T_h \qquad\qquad = -N \cdot k \cdot \ln\frac{V_4}{V_3} \cdot T_k$$

folgt mit ($\rightarrow 53\,|\,5$) und unter Berücksichtigung von $V_2 > V_1$, $V_4 < V_3$ (Vorzeichen der Wärmeenergien bzw. Arbeiten!):

$$\eta = \frac{\left|Q_{ab}\right|}{\left|W_{zu}\right|} \qquad\qquad\qquad \eta = \frac{\left|Q_{zu}\right|}{\left|W_{zu}\right|}$$

$$= \frac{N \cdot k \cdot \ln\frac{V_2}{V_1} \cdot T_h}{N \cdot k \cdot \ln\frac{V_2}{V_1} \cdot (T_h - T_k)} \qquad = \frac{-N \cdot k \cdot \ln\frac{V_4}{V_3} \cdot T_k}{N \cdot k \cdot \ln\frac{V_3}{V_4} \cdot (T_h - T_k)}$$

$$= \frac{T_h}{T_h - T_k} \qquad\qquad\qquad = \frac{T_k}{T_h - T_k}$$

Mit dem Zweiten Hauptsatzes ($\rightarrow 55\,|\,1$) lässt sich allgemein zeigen, **8** dass der **Wirkungsgrad jeder periodisch zwischen den Temperaturen $T_k < T_h$ arbeitenden**

Wärmepumpe   **Kältemaschine**

nicht größer als

$$\eta = \frac{T_h}{T_h - T_k} \qquad\qquad\qquad \eta = \frac{T_k}{T_h - T_k}$$

sein kann.

54 Wärmestrahlung

1 Die Erfahrung zeigt, dass jeder Körper einen Teil der kinetischen Energie seiner Teilchen in elektromagnetische Energie umwandelt und emittiert. Die bei konstanter Temperatur von einem Körper ausgestrahlte elektromagnetische Energie hängt von seiner Temperatur und seiner Oberflächenbeschaffenheit ab und heißt **Wärme- oder Temperaturstrahlung**.

2 Unter dem **Emissionsvermögen E** eines Wärmestrahlers versteht man den Quotienten

$$E = \frac{\Delta W}{\Delta t \cdot A_s}$$

aus der in einem kleinen Zeitintervall Δt in den Halbraum abgestrahlten elektromagnetischen Energie ΔW und der ausstrahlenden Fläche A_s.

3 Trifft auf einen Körper in einem kleinen Zeitintervall Δt elektromagnetische Strahlung der Energie ΔW_{auf} und absorbiert er davon den Betrag ΔW_{abs}, versteht man unter seinem **Absorptionsvermögen A** den Quotienten

$$A = \frac{\Delta W_{abs}}{\Delta W_{auf}}$$

4 Körper, die alle auffallende elektromagnetische Strahlung absorbieren, bezeichnet man als absolut **schwarze Körper**. In der Praxis lässt sich ein **schwarzer Körper** durch eine **kleine Hohlraumöffnung realisieren**. Alle dadurch ins Hohlrauminnere eintretende elektromagnetische Strahlung gelangt nämlich aufgrund mehrfacher, meist diffuser Reflexionen nicht wieder nach außen und wird so nahezu vollständig absorbiert.

Die durch die Öffnung eines geheizten Hohlraums austretende Strahlung besitzt in sehr guter Näherung die Eigenschaften der Wärmestrahlung eines absolut schwarzen Körpers.

1859 zeigte Kirchhoff, dass der Quotient aus dem Emissions- und **5**
dem Absorptionsvermögen eines beliebigen Körpers nicht von dessen materiellen Eigenschaften abhängt und sich als Funktion der Körpertemperatur T und der Wellenlänge der emittierten Wärmestrahlung darstellen lässt:

$$\frac{E}{A} = f(\lambda, T)$$

Diese Funktion ist gleich dem Emissionsvermögen eines Schwarzen Körpers.

Die Strahlungsemission eines absolut schwarzen Körpers der Tem- **6**
peratur T lässt sich mithilfe des **Planck'schen Strahlungsgesetzes** beschreiben:

$$K_\lambda = \frac{2h \cdot c^2}{\lambda^5} \cdot \frac{1}{e^{\frac{h \cdot c}{k \cdot \lambda \cdot T}} - 1}$$

K_λ heißt **spektrale Strahlungsdichte**. $K \cdot d\lambda$ ist die Strahlung, die pro Zeiteinheit von einer Flächeneinheit in einen Kegel vom Öffnungswinkel 1 im Wellenlängenbereich zwischen λ und $\lambda + d\lambda$ ausgestrahlt wird. Ferner sind h das Planck'sche Wirkungsquantum (→ Band 3, 3|1), k die Boltzmannkonstante (→ 43|11) und c die Vakuumlichtgeschwindigkeit.

Die **Graphen der spektralen Strahlungsdichte** verlaufen bei konstanter Temperatur um so flacher und breiter, je kleiner die Temperatur ist.

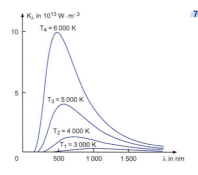

7

8 Mit wachsender Temperatur T werden die Wellenlängen λ_{max} maximaler Strahlungsemission kleiner. Den genauen Zusammenhang gibt das **Wien'sche Verschiebungsgesetz** wieder:

$$\lambda_{max} \cdot T = 2{,}8978 \cdot 10^{-3} \text{ m} \cdot \text{K}$$

9 Der

| **kurzwellige** | **langwellige** |

Teil im Strahlungsspektrums eines schwarzen Körpers im Falle

| $e^{\frac{h \cdot c}{k \cdot \lambda \cdot T}} \gg 1$ | $\dfrac{h \cdot c}{\lambda} \ll k \cdot T$ |

lässt sich näherungsweise mithilfe des mathematisch einfacheren

| **Wien'schen Strahlungsgesetzes** | **Rayleigh-Jeans'schen Strahlungsgesetzes** |

beschreiben:

| $K_\lambda = \dfrac{2h \cdot c^2}{\lambda^5} \cdot e^{-\frac{h \cdot c}{k \cdot \lambda \cdot T}}$ | $K_\lambda = \dfrac{2c \cdot k \cdot T}{\lambda^4}$ |

10 Die gesamte von einem schwarzen Körper senkrecht zu seiner Oberfläche pro Zeiteinheit in den Halbraum emittierte elektromagnetische Strahlung E lässt sich mit dem **Stefan-Boltzmann'schen Gesetz** angeben:

$$E = \sigma \cdot T^4$$

Dabei heißt σ **Stefan-Boltzmann-Konstante** und hat den Zahlenwert:

$$\sigma = \frac{2\pi^5 \cdot k^4}{15c^2 \cdot h^3} = 5{,}6697 \cdot 10^{-8} \frac{\text{W}}{\text{m}^3 \cdot \text{K}^4}$$

Grundlagen der Speziellen Relativitätstheorie

Die Spezielle Relativitätstheorie befasst sich mit den Beziehungen zwischen den Datensätzen, die zwei relativ zueinander mit konstanter Geschwindigkeit bewegte Beobachter bei der Betrachtung und Vermessung eines physikalischen Prozesses aufnehmen.

55 Zeitlich-räumliches Bezugssystem

Dabei wird vorausgesetzt, dass

- kein physikalisch bevorzugtes Inertialsystem ($\rightarrow 16|1$) existiert (**Relativitätsprinzip**) und
- in keinem Inertialsystem die Vakuumlichtgeschwindigkeit c vom Bewegungszustand der Lichtquelle und des Beobachters abhängt. (**Prinzip von der Konstanz der Lichtgeschwindigkeit**).

Die **geradlinige Bewegung** eines Körpers wird wie bei ($\rightarrow 1|1$) grafisch in einem kartesischen Zeit-Orts-Diagramm dargestellt, dessen x-Achse mit der Bewegungsgeraden zusammenfällt. In den meisten Lehrbüchern wird dabei die Abszisse als Zeit- und die Ordinate als Ortsachse gewählt. Abweichend von ($\rightarrow 1|1$) bezeichnet man in der Speziellen Relativitätstheorie

- ein Zeit-Orts-Diagramm als **Minkowski-Diagramm**;
- den von Ort und Zeit aufgespannten Raum als **Welt**;
  einen Punkt im Minkowski-Diagramm als **Weltpunkt**;
- den Graphen des Orts eines Körpers als Funktion der Zeit als **Weltlinie**;
- die Weltlinie eines Lichtsignals als **Lichtlinie**.

Üblicherweise werden die Einheiten auf den Achsen des Minkowski-Diagramms so gewählt, dass Lichtlinien unter 45° gegen die Koordinatenachsen verlaufen.

3 Obwohl Zeitmessungen vom Bezugssystem abhängen (→ 56|4), läss sich in jedem Inertialsystem widerspruchsfrei eine **Systemzeit** defi nieren. Man denkt sich dazu in allen Punkten der Bewegungsgerade gleichlaufende, punktförmige und ortsfeste Uhren platziert. Die i Koordinatenursprung O befindliche Uhr wird als Normaluhr, die vo ihr angezeigte Zeit als Normalzeit bezeichnet. Laufen alle Uhre synchron zur Normaluhr, so zeigt jede Uhr die Systemzeit eines a ihrem Ort stattfindenden Ereignisses an.

4 Zur **Synchronisation** einer in P auf der Bewegungsgeraden befindli chen Uhr mit der Normaluhr sendet man zur Normalzeit t_{ab} in O ei Lichtsignal ab, misst die Normalzeit $t_{rück}$, zu der es nach der Refle xion in P wieder in O anlangt und weist der Uhr in P, wenn das Licht signal reflektiert wird, die Normalzeit

$$t_{refl} = \frac{t_{ab} + t_{rück}}{2}$$

der Reflexion zu.

Begründung: Da die Laufzeiten auf dem Hin- und Rückweg gleic sind, gilt:

$$t_{refl} - t_{ab} = t_{rück} - t_{refl}$$

Hieraus folgt zunächst $2 \cdot t_{refl} = t_{ab} + t_{rück}$ und nach Division durch die Beziehung (→ 55|4).

5 Da auch Längenmessungen vom Bezugssystem abhängen (→ 56|8) legt man die **Entfernung OP eines Punktes P** auf der Bewegungs geraden **vom Koordinatenursprung O** mithilfe der in (→ 55|4 gemessenen Zeiten und der Vakuumlichtgeschwindigkeit c fest:

$$\overline{OP} = \frac{t_{rück} - t_{ab}}{2} \cdot c$$

56 Zeiten und Längen in gegeneinander bewegten Bezugssystemen

In diesem Abschnitt werden mit B bzw. B' zwei Beobachter bezeichnet, die

sich mit konstanter Geschwindigkeit vom Betrag v gegeneinander bewegen,

sich in ihren Bezugssystemen (t; x) bzw. (t'; x') jeweils am Koordinatenursprung befinden und

mit physikalisch gleichartigen Uhren ausgestattet sind.

Oft ist es hilfreich, sich B als „ruhenden" und B' als relativ zu B bewegten Beobachter vorstellen.

Geschwindigkeitsradar

Sendet B periodisch Lichtsignale an B' und reflektiert B' diese unmittelbar an B zurück, so werden sie von B wieder periodisch empfangen. Zwischen den jeweils mit der Uhr des B bestimmten Längen τ bzw. τ^* des Sende- bzw. Empfangsintervalls besteht der Zusammenhang

a) $\tau^* = \dfrac{c + v}{c - v} \cdot \tau,$ wenn sich B' von B weg bewegt.

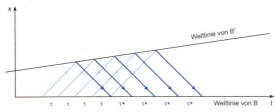

b) $\tau^* = \dfrac{c - v}{c + v} \cdot \tau,$ wenn sich B' auf B zu bewegt.

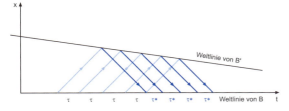

Begründungen:

a)

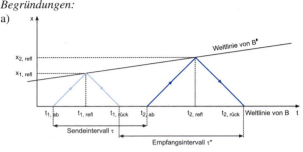

Lichtsignale, die B an den sich entfernenden B' zu den Zeitpunkten $t_{1,\,ab}$ bzw. $t_{2,\,ab}$ sendet und nach Reflexion durch B' zu den Zeitpunkten $t_{1,\,rück}$ bzw. $t_{2,\,rück}$ wieder empfängt, werden nach ($\rightarrow 55|4$) und ($\rightarrow 55|5$) von B' zu den Zeitpunkten

$$t_{1,\,refl} = \frac{t_{1,\,ab} + t_{1,\,rück}}{2} \quad (1) \quad \text{bzw.}$$

$$t_{2,\,refl} = \frac{t_{2,\,ab} + t_{2,\,rück}}{2} \quad (2)$$

an den Orten

$$x_{1,\,refl} = \frac{t_{1,\,rück} - t_{1,\,ab}}{2} \cdot c \quad (3) \quad \text{bzw.}$$

$$x_{2,\,refl} = \frac{t_{2,\,rück} - t_{2,\,ab}}{2} \cdot c \quad (4)$$

reflektiert. Damit lässt sich der Betrag v der Geschwindigkeit von B berechnen:

$$v = \frac{x_{2,\,refl} - x_{1,\,refl}}{t_{2,\,refl} - t_{1,\,refl}} \overset{(3),(4)}{\underset{(1),(2)}{=}} \frac{\frac{t_{2,\,rück} - t_{2,\,ab}}{2} \cdot c - \frac{t_{1,\,rück} - t_{1,\,ab}}{2} \cdot c}{\frac{t_{2,\,ab} + t_{2,\,rück}}{2} - \frac{t_{1,\,ab} + t_{1,\,rück}}{2}}$$

$$= \frac{t_{2,\,rück} - t_{2,\,ab} - t_{1,\,rück} + t_{1,\,ab}}{t_{2,\,ab} + t_{2,\,rück} - t_{1,\,ab} - t_{1,\,rück}} \cdot c$$

$$= \frac{(t_{2,\,rück} - t_{1,\,rück}) - (t_{2,\,ab} - t_{1,\,ab})}{(t_{2,\,rück} - t_{1,\,rück}) + (t_{2,\,ab} - t_{1,\,ab})} \cdot c = \frac{\tau^* - \tau}{\tau^* + \tau} \cdot c$$

Durch Auflösen von $v = \frac{\tau^* - \tau}{\tau^* + \tau} \cdot c$ nach τ^* erhält man die Beziehung ($\rightarrow 56\,|\,1a$).

b) Analog lässt sich die Beziehung ($\rightarrow 56\,|\,1b$) zeigen.

Dopplereffekt

2

Sendet B an B' periodisch Lichtsignale, so werden diese von B' periodisch empfangen. Bezeichnet man die Länge des **mit der Uhr des B (des B')** gemessenen **Sendeintervalls (Empfangsintervalls)** mit τ (τ'), so gilt

a) $\tau' = \sqrt{\dfrac{c + v}{c - v}} \cdot \tau$, wenn sich B' von B weg bewegt.

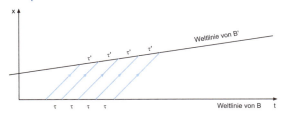

b) $\tau' = \sqrt{\dfrac{c - v}{c + v}} \cdot \tau$, wenn sich B' auf B zu bewegt.

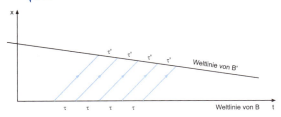

Begründung: Die Erfahrung zeigt, dass periodisch von B ausgesandte Lichtsignale von B' auch periodisch empfangen werden und dass die Längen der Sende- und Empfangsintervalle zueinander proportional sind:

$$\tau' = k \cdot \tau \qquad (1)$$

Dies trifft nach dem Relativitätsprinzip auch für Lichtsignale zu, die B' aussendet und B empfängt. Mit den Bezeichnungen aus ($\rightarrow 56\,|\,1$) gilt daher:

$$\tau^* = k \cdot \tau' \qquad (2)$$

Setzt man (1) in (2) ein, erhält man:

$$\tau^* = k^2 \cdot \tau \qquad (3)$$

Je nach der Bewegungsrichtung von B folgt aus (3) unter Verwendung von ($\rightarrow$ 56|1a) bzw. ($\rightarrow$ 56|1b) zunächst

$$k^2 = \frac{c + v}{c - v} \qquad \text{bzw.} \qquad k^2 = \frac{c - v}{c + v},$$

dann durch Radizieren

$$k = \sqrt{\frac{c + v}{c - v}} \qquad \text{bzw.} \qquad k = \sqrt{\frac{c - v}{c + v}}$$

und durch Einsetzen in (1) die Formeln ($\rightarrow$ 55|2a) bzw. ($\rightarrow$ 55|2b).

3 Zeitübertragung auf bewegte Uhren

Stellen B und B' zum Zeitpunkt ihrer Begegnung ihre Uhren auf null, so trifft ein zum Zeitpunkt t nach der Uhr des B abgesandtes Lichtsignal bei B' zum Zeitpunkt

a) $t_{an} = a \cdot t$ **nach der Uhr des B ein**,

b) $t'_{an} = k \cdot t$ **nach der Uhr des B' ein**,

wobei

$$a = \frac{c}{c - v} \quad \text{und} \quad k = \sqrt{\frac{c + v}{c - v}},$$

wenn sich B und B' voneinander entfernen, bzw.

$$a = \frac{c}{c + v} \quad \text{und} \quad k = \sqrt{\frac{c - v}{c + v}},$$

wenn sich B und B' einander nähern.

Begründungen:

a) Bei Entfernung ($v > 0$) bzw. Annäherung ($v < 0$) ist der vom Lichtsignal zurückgelegte Weg $c \cdot (t_{an} - t)$ bzw. $c \cdot (t - t_{an})$ gleich dem von B zurückgelegten Weg $v \cdot t_{an}$.
   Durch Auflösen von $c \cdot (t_{an} - t) = v \cdot t_{an}$ bzw. $c \cdot (t - t_{an}) = v \cdot t_{an}$ nach t_{an} ergibt sich ($\rightarrow$ 56|3a).

) Da zu den Zeitpunkten $t_1 = 0$ und $t_2 = t$ nach der Uhr des B abgesandte Lichtsignale bei B' nach dessen Uhr zu den Zeiten $t_1' = 0$ und t_{an}' ankommen, gilt:

$$t_{an}' = t_{an}' - t_1' = \tau' \overset{(\to 56|2)}{=} k \cdot \tau = k \cdot (t_2 - t_1) = k \cdot t$$

Zeitdilatation   4

Messen B bzw. B' für die Dauer desselben Vorgangs mit ihren Uhren die Zeitspannen Δt bzw. $\Delta t'$, gilt unabhängig von ihrer Bewegungsrichtung:

$$\Delta t' = \Delta t \cdot \sqrt{1 - \frac{v^2}{c^2}}$$

Wegen $\sqrt{1 - \frac{v^2}{c^2}} < 1$ ist $\Delta t' < \Delta t$. **Die Uhr des B' geht also aus der Sicht von B langsamer.**

Begründung: Bestimmt man unter den gleichen Voraussetzungen wie unter ($\to 56|3$) die Zeitspannen Δt bzw. $\Delta t'$, die von der Begegnung der beiden Beobachter bis zum Eintreffen eines zum Zeitpunkt t von B an B' gesandten Lichtsignals verstreichen, gilt nach ($\to 56|3$) mit den dort verwendeten Bezeichnungen bei gegenseitiger

Entfernung	Annäherung

aus der Sicht von B

$$\Delta t = \frac{c}{c - v} \cdot t \qquad\qquad \Delta t = \frac{c}{c + v} \cdot t$$

und aus der Sicht von B':

$$\Delta t' = \sqrt{\frac{c + v}{c - v}} \cdot t \qquad\qquad \Delta t' = \sqrt{\frac{c - v}{c + v}} \cdot t$$

Durch Division erhält man:

$$\frac{\Delta t'}{\Delta t} = \frac{\sqrt{\frac{c+v}{c-v}} \cdot t}{\frac{c}{c-v} \cdot t} = \frac{\sqrt{\frac{c+v}{c-v}}}{\sqrt{\frac{c^2}{(c-v)^2}}} \qquad\qquad \frac{\Delta t'}{\Delta t} = \frac{\sqrt{\frac{c-v}{c+v}} \cdot t}{\frac{c}{c+v} \cdot t} = \frac{\sqrt{\frac{c-v}{c+v}}}{\sqrt{\frac{c^2}{(c+v)^2}}}$$

$$= \sqrt{\frac{(c+v) \cdot (c-v)}{c^2}} \qquad\qquad = \sqrt{\frac{(c-v) \cdot (c+v)}{c^2}}$$

In beiden Fällen ergibt sich also

$$\frac{\Delta t'}{\Delta t} = \sqrt{\frac{c^2 - v^2}{c^2}} = \sqrt{1 - \frac{v^2}{c^2}},$$

woraus durch Multiplikation mit Δt die Beziehung (→ 56|4) folgt.

5 Der **experimentelle Nachweis für die Zeitdilatation** kann z. B. mit hilfe schneller Myonen erbracht werden, die beim Auftreffen der kos mischen Strahlung auf Moleküle der oberen Luftschichten in ca. 1(Kilometer Höhe entstehen und dann in Richtung Erdoberfläche wei terfliegend zerfallen. Rossi und Hall bestimmten für Myonen de Geschwindigkeit $v = 0,994 \cdot c$ den Zusammenhang zwischen Höhe und Anzahl und ermittelten daraus die Halbwertszeit ihres Zerfalls In Übereinstimmung mit der Zeitdilatationsformel war diese länge als diejenige ruhender Myonen.

6 Das **Zwillingsparadoxon** ist ein Gedankenexperiment, bei dem eine (B) von zwei Zwillingen auf der Erde bleibt, während der andere (B' mit konstantem, sehr großem Geschwindigkeitsbetrag zu einem fer nen Stern fliegt und anschließend mit gleichem Geschwindigkeits betrag wieder zurückkehrt. Jeder Zwilling schließt aus seinen Beob achtungen, dass der jeweils andere als Folge der Zeitdilatation lang samer altert. Das Paradoxon besteht nun darin, dass sich nach de Rückkehr herausstellt, dass der auf der Erde verbliebene Bruder tat sächlich älter ist als der verreiste.
Dies ist nur scheinbar ein Widerspruch, denn durch die Beschleuni gung bei der Umkehr wird eine Unsymmetrie des Raumschiffsystem gegenüber dem Erdsystem bewirkt, sodass die Voraussetzungen für das Eintreten der Zeitdilatation nur bei B erfüllt sind.

7 Unter einem **Eigenzeitintervall** versteht man ein Zeitintervall, da von einem Beobachter gemessen wird, auf den bezogen die beider das Intervall festlegenden Ereignisse am gleichen Ort stattfinden.
Das Eigenzeitintervall ist die kleinste Dauer, die für einen bestimm ten Vorgang in irgendeinem Inertialsystem gemessen werden kann.

Längenkontraktion

Bestimmt ein Beobachter die Länge eines in seinem System ruhenden Stabs mit ℓ, so misst man für den in seiner Längsrichtung relativ zu B mit einer Geschwindigkeit vom Betrag v bewegten Stab die verkürzte Länge

$$\ell' = \ell \cdot \sqrt{1 - \frac{v^2}{c^2}}$$

Senkrecht zur Bewegungsrichtung beobachtet man keine Verkürzung.

Begründung: Bewegt sich B' längs eines im System des B ruhenden Stabs mit einer Geschwindigkeit vom Betrag v und benötigt B' vom Stabanfang bis zum Stabende aus der Sicht von B die Zeit Δt, so ordnet B dem Stab die Länge $\ell = v \cdot \Delta t$ zu.

Aus der Sicht des in seinem System ruhenden B' bewegt sich der Stab nach ($\rightarrow$ 56|4) in der Zeit

$$\Delta t' = \sqrt{1 - \frac{v^2}{c^2}} \cdot \Delta t$$

an ihm vorbei. Er ordnet daher dem Stab die Länge $\ell' = v \cdot \Delta t'$ zu. Daher gilt:

$$\ell' = v \cdot \Delta t' = v \cdot \sqrt{1 - \frac{v^2}{c^2}} \cdot \Delta t = v \cdot \Delta t \cdot \sqrt{1 - \frac{v^2}{c^2}} = \ell \cdot \sqrt{1 - \frac{v^2}{c^2}}$$

Unter der **Eigenlänge** eines Körpers versteht man die Länge, die sich bei einer Messung in dem Bezugssystem ergibt, relativ zu dem der Körper ruht.

Die Eigenlänge eines Körpers ist die größte Länge, die in irgendeinem Inertialsystem gemessen werden kann.

57 Herleitung und Anwendung der Lorentztransformation

1 Bewegt sich ein Inertialsystem S' relativ zu einem Inertialsystem S mit der konstanten Geschwindigkeit v in Richtung der positiven x-Achse und wählt man den Moment der Begegnung der beiden Koordinatenursprünge als Zeitnullpunkt (siehe Abbildung),

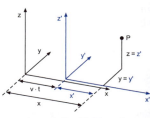

so lassen sich die S-Koordinaten (x, y, z, t) und die S'-Koordinaten (x', y', z', t') mithilfe der **Lorentztransformationen** ineinander umrechnen:

a) $t = \dfrac{1}{\sqrt{1-\frac{v^2}{c^2}}} \cdot \left(t' + \dfrac{v}{c^2} \cdot x' \right)$ (1) $t' = \dfrac{1}{\sqrt{1-\frac{v^2}{c^2}}} \cdot \left(t - \dfrac{v}{c^2} \cdot x \right)$ (1')

b) $x = \dfrac{1}{\sqrt{1-\frac{v^2}{c^2}}} \cdot (x' + v \cdot t')$ (2) $x' = \dfrac{1}{\sqrt{1-\frac{v^2}{c^2}}} \cdot (x - v \cdot t)$ (2')

c) $y = y'$ (3) $y' = y$ (3')

d) $z = z'$ (4) $z' = z$ (4')

Begründung: Betrachtet wird ein Lichtsignal, dessen Reflexion mit dem Ereignis P $(x; t)$ bzw. $(x'; t')$ zusammenfällt. Auf dem Hin- bzw. Rückweg passiert es die Koordinatenursprünge von S und S' zu den Zeiten t_1 und t_1' bzw. t_2 und t_2'. Dann gilt

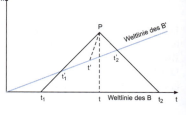

• nach ($\rightarrow 55|4$):

$$t = \frac{1}{2} \cdot (t_2 + t_1) \text{ (a)} \quad \text{bzw.} \quad t' = \frac{1}{2} \cdot (t_2' + t_1') \text{ (b)}$$

• nach ($\rightarrow 55|5$):

$$x = \frac{c}{2} \cdot (t_2 - t_1) \text{ (c)} \quad \text{bzw.} \quad x' = \frac{c}{2} \cdot (t_2' - t_1') \text{ (d)}$$

- nach (→ 56|3b):

$$t_1' = k \cdot t_1 \quad \text{(e)} \qquad \text{bzw.} \qquad t_2' = \frac{1}{k} \cdot t_2 \quad \text{(f)}$$

Einsetzen von (e) und (f) in (b) und (d) führt auf:

$$t' = \frac{1}{2} \cdot \left(\frac{1}{k} \cdot t_2 + k \cdot t_1 \right) \qquad \text{(g)}$$

$$x' = \frac{c}{2} \cdot \left(\frac{1}{k} \cdot t_2 - k \cdot t_1 \right) \qquad \text{(h)}$$

Durch Subtraktion und Addition von (a) und $\frac{1}{c} \cdot$ (c) erhält man:

$$t_1 = t - \frac{x}{c} \qquad \text{(i)}$$

$$t_2 = t + \frac{x}{c} \qquad \text{(j)}$$

Einsetzen von (i) und (j) in (g) und (h) führt zunächst auf

$$t' = \frac{1}{2k} \cdot \left(t + \frac{x}{c} \right) + \frac{1}{2} k \cdot \left(t - \frac{x}{c} \right) \qquad \text{(k)}$$

$$x' = \frac{c}{2k} \cdot \left(t + \frac{x}{c} \right) - \frac{c}{2} k \cdot \left(t - \frac{x}{c} \right) \qquad \text{(l)}$$

und durch Umgruppieren und Ausklammern auf:

$$t' = \frac{1}{2} \cdot \left(k + \frac{1}{k} \right) \cdot t - \frac{1}{2} \cdot \left(k - \frac{1}{k} \right) \cdot \frac{x}{c} \qquad \text{(m)}$$

$$x' = \frac{1}{2} \cdot \left(k + \frac{1}{k} \right) \cdot x - \frac{1}{2} \cdot \left(k - \frac{1}{k} \right) \cdot c \cdot t \qquad \text{(n)}$$

Ersetzt man in den geklammerten Ausdrücken die Größe k gemäß der Beziehung (→ 56|2) durch

$$k = \sqrt{\frac{c + v}{c - v}},$$

ergeben sich nach der Umrechnung

$$\frac{1}{2} \cdot \left(k + \frac{1}{k} \right) = \frac{1}{\sqrt{1 - \frac{v^2}{c^2}}} \qquad \text{bzw.} \qquad \frac{1}{2} \cdot \left(k - \frac{1}{k} \right) = \frac{1}{\sqrt{1 - \frac{v^2}{c^2}}} \cdot \frac{v}{c}$$

aus (m) und (n) die Gleichungen (1') und (2').
Löst man die Gleichungen (1') und (2') nach den ungestrichenen Größen auf, erhält man (1) und (2).

2 Für Geschwindigkeiten, die klein gegenüber der Lichtgeschwindigkeit sind, gilt in guter Näherung $\frac{v^2}{c^2} \approx 0$ bzw. $\frac{v}{c^2} \approx 0$. Die Lorentztransformation geht dann in die **Galilei-Transformation** über:

$t = t'$	(1)		$t' = t$	(1')
$x = x' + v \cdot t$	(2)		$x' = x - v \cdot t$	(2')
$y = y'$	(3)		$y' = y$	(3')
$z = z'$	(4)		$z' = z$	(4')

3 Linien gleicher Zeit

Alle **Weltpunkte mit derselben S'-Zeit** $t' = $ konst. liegen im **S-Diagramm** auf der Geraden

$$x = \frac{c^2}{v} \cdot t - \frac{c^2}{v} \cdot \text{konst} \cdot \sqrt{1 - \frac{v^2}{c^2}}$$

mit der Steigung $\frac{c^2}{v}$ und dem Hochachsenabschnitt

$$-\frac{c^2}{v} \cdot \text{konst} \cdot \sqrt{1 - \frac{v^2}{c^2}}.$$

Alle **Weltpunkte mit derselben S-Zeit** $t = $ konst. liegen im **S'-Diagramm** auf der Geraden

$$x' = -\frac{c^2}{v} \cdot t' + \frac{c^2}{v} \cdot \text{konst} \cdot \sqrt{1 - \frac{v^2}{c^2}}$$

mit der Steigung $-\frac{c^2}{v}$ und dem Hochachsenabschnitt

$$\frac{c^2}{v} \cdot \text{konst} \cdot \sqrt{1 - \frac{v^2}{c^2}}.$$

Begründung: Einsetzen von $t' = $ konst bzw. $t = $ konst in die Gleichung ($\rightarrow$ 57|1') bzw. ($\rightarrow$ 57|1) und Auflösen nach x bzw. x' führt auf die angegebenen Gleichungen.

4 Linien gleichen Orts

Alle **Weltpunkte mit demselben S'-Ort** $x' = $ konst. liegen im **S-Diagramm** auf der Geraden

$$x = v \cdot t + \text{konst} \cdot \sqrt{1 - \frac{v^2}{c^2}}$$

mit der Steigung v und dem Hochachsenabschnitt

$$\text{konst} \cdot \sqrt{1 - \frac{v^2}{c^2}}$$

Alle **Weltpunkte mit demselben S-Ort** $x = $ konst. liegen im **S'-Diagramm** auf der Geraden

$$x' = -v \cdot t' + \text{konst} \cdot \sqrt{1 - \frac{v^2}{c^2}}$$

mit der Steigung $-v$ und dem Hochachsenabschnitt

$$\text{konst} \cdot \sqrt{1 - \frac{v^2}{c^2}}$$

Begründung: Einsetzen von x' = konst bzw. x = konst in die Gleichung (→ 57|2') bzw. (→ 57|2) und Auflösen nach x bzw. x' führt auf die angegebenen Gleichungen.

Sind S bzw. S' zwei Inertialsysteme, die hinsichtlich ihrer Relativ- **5**
bewegung die in (→ 57|1) genannten Bedingungen erfüllen, so lässt sich das **S'-Diagramm im S-Diagramm** unter Beachtung folgender Regeln **konstruieren**:

a) Die t'-Achse stimmt mit der Weltlinie des Koordinatenursprungs von S' überein.

b) Die Lichtlinie, die mit positiver Steigung auf der t-Achse nach S-Zeit durch den Punkt $\frac{1}{k} \cdot 1$ Sekunde verläuft, schneidet nach (→ 56|3b) die t'-Achse an der Stelle für 1 Sekunde nach S'-Zeit.

c) Die x'-Achse ergibt sich durch Spiegelung der t'-Achse an einer durch den gemeinsamen Koordinatenursprung verlaufenden Lichtlinie.

d) Die Eichung der x'-Achse erfolgt, indem man an der gespiegelten t'-Achse die Einheit 1 Sekunde durch 1 Lichtsekunde ersetzt.

e) Ferner verläuft eine Linie gleicher S'-Zeit (gleichen S'-Orts) immer parallel zur x'-Achse (t'-Achse).

Relativistische Geschwindigkeitsaddition   **6**

Von zwei Inertialsystemen S bzw. S' aus, die hinsichtlich ihrer Relativbewegung mit der konstanten Geschwindigkeit v die in (→ 57|1) genannten Bedingungen erfüllen, wird die gleichförmige Bewegung eines Objekts in Richtung der x- bzw. x'-Achse betrachtet. Bezeichnen u bzw. u' seine Geschwindigkeit in S bzw. in S', so gilt:

a) $u = \dfrac{u' + v}{1 + \dfrac{u' \cdot v}{c^2}}$

b) $u' = \dfrac{u - v}{1 - \dfrac{u \cdot v}{c^2}}$

Begründungen:
a) Aus den Lorentztransformationsgleichungen ($\rightarrow 57|1; 2$)

$$t = \frac{1}{\sqrt{1 - \frac{v^2}{c^2}}} \cdot \left(t' + \frac{v}{c^2} \cdot x' \right)$$

$$x = \frac{1}{\sqrt{1 - \frac{v^2}{c^2}}} \cdot (x' + v \cdot t')$$

folgt:

$$dt = \frac{1}{\sqrt{1 - \frac{v^2}{c^2}}} \cdot \left(dt' + \frac{v}{c^2} \cdot dx' \right) \quad \text{(a)}$$

$$dx = \frac{1}{\sqrt{1 - \frac{v^2}{c^2}}} \cdot (dx' + v \cdot dt') \quad \text{(b)}$$

Durch Division von (b) durch (a) erhält man die Geschwindigkeit $u = \frac{dx}{dt}$ in S in Abhängigkeit der Geschwindigkeit $u' = \frac{dx'}{dt'}$ in S':

$$u = \frac{dx}{dt} = \frac{(dx' + v \cdot dt')}{\left(dt' + \frac{v}{c^2} \cdot dx' \right)} = \frac{\left(\frac{dx'}{dt'} + v \cdot \frac{dt'}{dt'} \right)}{\left(\frac{dt'}{dt'} + \frac{v}{c^2} \cdot \frac{dx'}{dt'} \right)} = \frac{(u' + v)}{\left(1 + \frac{v}{c^2} \cdot u' \right)}$$

b) ($\rightarrow 57|6b$) ergibt sich durch Auflösen von ($\rightarrow 57|6a$) nach u'.

7 **Beispiel:** Relativgeschwindigkeit zweier Protonen
Wie groß ist die Relativgeschwindigkeit zweier Protonen, die sich mit einem Geschwindigkeitsbetrag von je 0,7 c aufeinander zu bewegen?

Lösung:
Man denkt sich p_2 im Ursprung
von S' ruhend und den Ursprung
von S in O ruhend. Dann gilt:

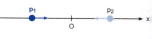

- $v = -0,7$ c (Geschwindigkeit von S' und damit p_2 bzgl. S);
- $u = 0,7$ c (Geschwindigkeit von p_1 bzgl. S);
- u' ist die gesuchte Relativgeschwindigkeit von p_1 bezüglich S'.

Mit ($\rightarrow 57|6b$) erhält man:

$$u' = \frac{u - v}{1 - \frac{u \cdot v}{c^2}} = \frac{0,7c + 0,7c}{1 - \frac{0,7c \cdot (-0,7c)}{c^2}} = \frac{1,40}{1,49} \cdot c \approx 0,94c$$

Relativistische Dynamik

58 Relativistische Masse und relativistischer Impuls

Bereits vor Veröffentlichung der Speziellen Relativitätstheorie entdeckte Kaufmann bei Geschwindigkeitsmessungen an Elektronen, dass die Vakuumlichtgeschwindigkeit eine obere Grenzgeschwindigkeit darstellt. Zahlreiche weitere Kontrollexperimente bestätigten in der Folgezeit, dass sich kein materieller Körper mit Licht- oder Überlichtgeschwindigkeit bewegen kann. **1**

Wegen der Existenz einer **Grenzgeschwindigkeit** wird der Gültigkeitsbereich der Newton'schen Formel **2**

$$E_{kin} = \frac{1}{2} m \cdot v^2$$

für die kinetische Energie bei sehr großen Geschwindigkeiten überschritten.

Begründung: Andernfalls bewegte sich ein Körper der Masse m, dessen kinetische Energie größer als $\frac{1}{2} m \cdot c^2$ ist, mit Überlichtgeschwindigkeit.

Die Newton'sche Formel für die kinetische Energie versagt bei großen Geschwindigkeiten, weil die Masse eines Körpers in der Newton'schen Mechanik eine konstante, geschwindigkeitsunabhängige Größe ist. **3**

Nach der Speziellen Relativitätstheorie **hängt die Masse eines Körpers von seiner Geschwindigkeit ab**. Bezeichnen m_0 bzw. $m(v)$ die Masse eines in einem Inertialsystem S ruhenden bzw. mit der Geschwindigkeit v bewegten Körpers, so gilt: **4**

$$m(v) = \frac{m_0}{\sqrt{1 - \frac{v^2}{c^2}}}$$

Begründung: Für den zentralen, vollkommen unelastischen Stoß zweier Körper gleicher Ruhemasse m_0, die sich im Schwerpunktsystem mit dem gleichen Geschwindigkeitsbetrag v aufeinander zu bewegen, gilt *im Schwerpunktsystem*

vor dem Stoß	nach dem Stoß

wegen der Erhaltung der Gesamtmasse

$$2 \cdot m(v) = M_0, \tag{1}$$

wegen der Erhaltung des Gesamtimpulses

$$m(v) \cdot v + m(v) \cdot (-v) = 0. \tag{2}$$

Betrachtet man den Stoß *in dem System, in dem der rechte Stoßpartner ruht*, so gilt

vor dem Stoß	nach dem Stoß

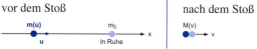

wegen der Erhaltung der Gesamtmasse

$$m(u) + m_0 = M(v), \tag{3}$$

wegen der Erhaltung des Gesamtimpulses

$$m(u) \cdot u + 0 = M(v) \cdot v. \tag{4}$$

Setzt man $M(v)$ aus (3) in (4) ein, so erhält man zunächst

$$m(u) \cdot u = (m(u) + m_0) \cdot v$$

und hieraus durch Auflösen nach $m(u)$:

$$m(u) = \frac{m_0}{\frac{u}{v} - 1} \tag{5}$$

u ist die Relativgeschwindigkeit der beiden Körper. Wir können daher die Beziehung zwischen u und v aus Beispiel ($\rightarrow$ 57|7) heranziehen und den Nenner (nach einiger Rechenarbeit) allein durch u ausdrücken:

$$u \overset{(\rightarrow 57|7)}{=} \frac{2v}{1 + \frac{v^2}{c^2}} \quad \Rightarrow \quad \frac{u}{v} - 1 = \sqrt{1 - \frac{u^2}{c^2}} \quad \overset{(5)}{\Rightarrow} \quad m(u) = \frac{m_0}{\sqrt{1 - \frac{u^2}{c^2}}}$$

Die relativistische Massenformel aus (→ 58|4) lässt sich mit dem 5
Versuch von Bucherer experimentell verifizieren.

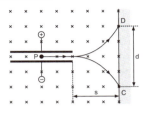

In der Mitte eines Plattenkondensators
der elektrischen Feldstärke E sendet
ein radioaktives Präparat P Elektronen
unterschiedlicher Geschwindigkeiten
bis zu v = 0,99c aus. Der Kondensator
ist so in ein homogenes Magnetfeld
der Flussdichte B eingebettet, dass nur
Elektronen der Geschwindigkeit

$$v = \frac{E}{B} \qquad (1)$$

in das Magnetfeld hinter dem Kondensator gelangen können. Dort
durchlaufen sie einen Kreisbogen und treffen je nach Polung der Fel-
der in den Punkten C und D auf einen Registrierschirm. Aus dem
Abstand d der Auftreffpunkte, der Entfernung s des Schirms vom
Plattenkondensator und den Feldgrößen E und B lässt sich die Elek-
tronenmasse m ermitteln:

$$m = \frac{e \cdot B^2 \cdot \left(s^2 + \frac{d^2}{4}\right)}{E \cdot d} \qquad (2)$$

Die mit (1) und (2) gefundenen Messwerte für v und m bestätigen
(→ 58|4).

Bezeichnen m_0 bzw. $m(v)$ die Massen eines in einem Inertialsystem 6
S ruhenden bzw. mit der Geschwindigkeit v bewegten Körpers, so
gilt für seinen **Impuls**:

$$p = m(v) \cdot v = \frac{m_0 \cdot v}{\sqrt{1 - \frac{v^2}{c}}}$$

Für die meisten Belange hat sich folgende **Faustregel** bewährt: 7
Gilt v > 0,1c, müssen die relativistischen Beziehungen (→ 58|4; 6)
verwendet werden; bei kleineren Geschwindigkeiten kann in guter
Näherung nichtrelativistisch gerechnet werden.

59 Relativistische Energie

1 Von den beiden Fassungen des **2. Newton'schen Gesetzes** in de
klassischen Mechanik

a) $\vec{F} = m \cdot \vec{a}$ ($\rightarrow 7|4$)

b) $\vec{F} = \dot{\vec{p}}$ ($\rightarrow 12|4$)

gilt nur die zweite auch für hohe Geschwindigkeiten.

2 Die Fassung ($\rightarrow 59|1a$) des 2. Newton'schen Gesetzes muss in de
relativistischen Mechanik ersetzt werden durch

a) $F = \dfrac{m_0}{\sqrt{1 - \frac{v^2}{c^2}}} \cdot a$,   wenn $\vec{F} \perp \vec{v}$;

b) $F = \dfrac{m_0}{\left(1 - \frac{v^2}{c^2}\right)^{\frac{3}{2}}} \cdot a$,   wenn $\vec{F} \parallel \vec{v}$.

Begründung:

a) Stehen Kraft- und Geschwindigkeitsvektor senkrecht aufeinander
   ändert sich durch die Beschleunigung lediglich die Richtung, nicht
   aber der Betrag der Geschwindigkeit; die Masse enthält gemäß
   ($\rightarrow 58|4$) einen konstanten relativistischen Korrekturfaktor.

b) Sind Kraft- und Geschwindigkeitsvektor parallel, so ändert sich
   der Betrag der Geschwindigkeit durch die Beschleunigung und
   man muss von der allgemeinen Fassung ($\rightarrow 59|1b$) des 2. New-
   ton'schen Gesetzes ausgehen. Anwenden der Produktregel liefert:

$$F = \dot{p} = \frac{d}{dt}\left(\frac{m_0}{\sqrt{1 - \frac{v^2}{c^2}}} \cdot v \right)$$

$$= \left(\frac{m_0}{\sqrt{1 - \frac{v^2}{c^2}}} \right) \cdot \dot{v} + \frac{d}{dt}\left(\frac{m_0}{\sqrt{1 - \frac{v^2}{c^2}}} \right) \cdot v \quad (*)$$

Zur Berechnung des 2. Summanden benötigt man die Quotienten- und die Kettenregel:

$$\frac{d}{dt}\left(\frac{m_0}{\sqrt{1-\frac{v^2}{c^2}}}\right) \cdot v = \frac{\sqrt{1-\frac{v^2}{c^2}} \cdot 0 - m_0 \cdot \frac{-\frac{2v}{c^2}}{2 \cdot \sqrt{1-\frac{v^2}{c^2}}} \cdot \dot{v}}{1-\frac{v^2}{c^2}} \cdot v$$

$$= \frac{m_0 \cdot \frac{v^2}{c^2 \cdot \sqrt{1-\frac{v^2}{c^2}}} \cdot \dot{v}}{1-\frac{v^2}{c^2}}$$

Einsetzen in (∗) ergibt:

$$F = \frac{m_0}{\sqrt{1-\frac{v^2}{c^2}}} \cdot \dot{v} + \frac{m_0 \cdot \frac{v^2}{c^2 \cdot \sqrt{1-\frac{v^2}{c^2}}} \cdot \dot{v}}{1-\frac{v^2}{c^2}}$$

$$= \frac{m_0}{\sqrt{1-\frac{v^2}{c^2}}} \cdot \dot{v} \cdot \left(1 + \frac{v^2}{c^2 \cdot \left(1-\frac{v^2}{c^2}\right)}\right)$$

$$= \frac{m_0}{\sqrt{1-\frac{v^2}{c^2}}} \cdot \dot{v} \cdot \frac{1}{1-\frac{v^2}{c^2}}$$

$$= \frac{m_0}{\left(1-\frac{v^2}{c^2}\right)^{\frac{3}{2}}} \cdot \dot{v}$$

$$= \frac{m_0}{\left(1-\frac{v^2}{c^2}\right)^{\frac{3}{2}}} \cdot a$$

Ein Körper der **Ruhemasse** m_0 und der Geschwindigkeit v besitzt **3** die **kinetische Energie**

$$E_{kin} = \frac{m_0}{\sqrt{1-\frac{v^2}{c^2}}} \cdot c^2 - m_0 \cdot c^2$$

Begründung: Wird ein Körper der Ruhemasse m_0 längs einer Geraden auf einer Strecke von 0 bis s_0 von einer zur Geraden parallelen Kraft F(s) aus der Ruhe heraus auf die Geschwindigkeit v_0 beschleunigt, so entspricht die dabei verrichtete Beschleunigungsarbeit

$$\int_0^{s_0} F(s)\,ds$$

der kinetischen Energie E_{kin}, die im Körper nach Abschluss der Beschleunigung gespeichert ist:

$$E_{kin} = \int_0^{s_0} F(s)\,ds \overset{(\to 59\,|\,2b)}{=} \int_0^{s_0} \frac{m_0}{\left(1-\frac{v^2}{c^2}\right)^{\frac{3}{2}}} \cdot a\,ds$$

$$= \int_0^{s_0} \frac{m_0}{\left(1-\frac{v^2}{c^2}\right)^{\frac{3}{2}}} \cdot \frac{dv}{dt} \cdot ds = \int_0^{s_0} \frac{m_0}{\left(1-\frac{v^2}{c^2}\right)^{\frac{3}{2}}} \cdot dv \cdot \frac{ds}{dt}$$

$$\overset{v=\frac{ds}{dt}}{=} \int_0^{v_0} \frac{m_0 \cdot v}{\left(1-\frac{v^2}{c^2}\right)^{\frac{3}{2}}}\,dv = \left[\frac{m_0}{\sqrt{1-\frac{v^2}{c^2}}} \cdot c^2\right]_0^{v_0}$$

$$= \frac{m_0}{\sqrt{1-\frac{v_0^2}{c^2}}} \cdot c^2 - m_0 \cdot c^2$$

4 Für kleine Geschwindigkeiten geht der relativistische Ausdruck für die kinetische Energie in den der klassischen Mechanik über:

$$E_{kin} = \frac{m_0}{\sqrt{1-\frac{v^2}{c^2}}} \cdot c^2 - m_0 \cdot c^2 \approx \frac{1}{2} \cdot m \cdot v^2 \quad \text{für } v \ll c$$

Begründung: Wegen

$$\frac{1}{\sqrt{1-\frac{v^2}{c^2}}} = 1 + \frac{1}{2} \cdot \frac{v^2}{c^2} + \frac{3}{8} \cdot \frac{v^4}{c^4} + \frac{5}{15} \cdot \frac{v^6}{c^6} + \ldots$$

gilt für $v \ll c$:

$$E_{kin} = \frac{m_0}{\sqrt{1 - \frac{v^2}{c^2}}} \cdot c^2 - m_0 \cdot c^2$$

$$= \left(1 + \frac{1}{2} \cdot \frac{v^2}{c^2} + \underbrace{\frac{3}{8} \cdot \frac{v^4}{c^4} + \frac{5}{15} \cdot \frac{v^6}{c^6} + \ldots}_{\to 0} - 1 \right) \cdot m_0 \cdot c^2$$

$$\approx \frac{1}{2} \cdot m \cdot v^2$$

Die Beziehung ($\to$ 59|3) ermöglicht eine völlig neue, revolutionäre Bewertung der Begriffe Masse und Energie:

- **Masse und Energie sind äquivalent.** Sie sind zwei Erscheinungsformen eines übergeordneten physikalischen Phänomens. Durch Energieumwandlungen kann Masse aus anderen Energieformen entstehen. Masse kann aber auch in Energie umgewandelt werden. Jeder Form von Energie E ist die Masse

  $$m = \frac{E}{c^2}$$

  zugeordnet, jeder Masse m die Energie

  $$\mathbf{E = m \cdot c^2}.$$

- Auch ein ruhender Körper der Ruhemasse m_0 besitzt Energie, die **Ruheenergie**

  $$E_0 = m_0 \cdot c^2.$$

  Dazu zählen außer den Ruheenergien der Körperatome und -moleküle auch noch deren kinetische Energien und die potenziellen Energien der Wechselwirkungen zwischen ihnen.

- Die **Gesamtenergie**

  $$\mathbf{E = \frac{m_0}{\sqrt{1 - \frac{v^2}{c^2}}} \cdot c^2 = m \cdot c^2}$$

  eines Körpers ist die Summe aus seiner kinetischen und seiner Ruheenergie.

6 Relativistische Energie-Impuls-Beziehung

Zwischen der relativistischen Gesamtenergie E, der Ruheenergie E_0 und dem relativistischen Impuls p eines Körpers besteht der für die Atom- und Kernphysik nützliche Zusammenhang:

$$E^2 - E_0^2 = p^2 \cdot c^2$$

Begründung: Man geht von

$$E = E_{kin} + m_0 \cdot c^2 \overset{(\to 59\,|\,3)}{=} \frac{m_0 \cdot c^2}{\sqrt{1 - \frac{v^2}{c^2}}} \qquad (1)$$

und

$$p \overset{(\to 58\,|\,6)}{=} \frac{m_0 \cdot v}{\sqrt{1 - \frac{v^2}{c^2}}} \qquad (2)$$

aus und dividiert (1) durch (2):

$$\frac{E}{p} = \frac{c^2}{v} \quad \Rightarrow \quad v = \frac{c^2 \cdot p}{E} \qquad (3)$$

Einsetzen von (3) in (1) führt mit $E_0 = m_0 \cdot c^2$ auf

$$E = \frac{E_0}{\sqrt{1 - \frac{c^2 \cdot p^2}{E^2}}},$$

woraus durch Auflösen nach $c^2 \cdot p^2$ die Beziehung ($\to$ 59|6) folgt.

Stichwortverzeichnis

Die Zahlenangaben verweisen auf die Nummern des Kapitels und des zuge-
ordneten Abschnitts, der das betreffende Stichwort enthält.

Ihre Meinung ist uns wichtig!

Ihre Anregungen sind uns immer willkommen. Bitte informieren Sie uns mit diesem Schein über Ihre Verbesserungsvorschläge!

Titel-Nr.	Seite	Vorschlag

Bitte hier abtrennen

Lernen ▪ Wissen ▪ Zukunft

STARK

23-V1T_NW

Bitte ausfüllen und im frankierten Umschlag
an uns einsenden. Für Fensterkuverts geeignet.

Zutreffendes bitte ankreuzen! Die Absenderin/der Absender ist:

☐ Lehrer/in in den Klassenstufen:

☐ Fachbetreuer/in
Fächer:

☐ Seminarlehrer/in
Fächer:

☐ Regierungsfachberater/in
Fächer:

☐ Oberstufenbetreuer/in

☐ Schulleiter/in

☐ Referendar/in, Termin 2. Staats-
examen:

☐ Leiter/in Lehrerbibliothek

☐ Leiter/in Schülerbibliothek

☐ Sekretariat

☐ Eltern

☐ Schüler/in, Klasse:

☐ Sonstiges:

STARK Verlag
Postfach 1852
85318 Freising

Kennen Sie Ihre Kundennummer? Bitte hier eintragen.

Absender (Bitte in Druckbuchstaben!)

Name/Vorname

Straße/Nr.

PLZ/Ort/Ortsteil

Telefon privat

Geburtsjahr

E-Mail

Schule/Schulstempel (Bitte immer angeben!)

Unterrichtsfächer: (Bei Lehrkräften!)

Bitte hier abtrennen

Sicher durch das Abitur!

Klare Fakten, systematische
Methoden, prägnante Beispiele
sowie Übungsaufgaben
auf Abiturniveau mit schüler-
gerechten Lösungen.

Mathematik

Analysis mit Hinweisen zur
CAS-Nutzung .... Best.-Nr. 540021
Analytische Geometrie
und lineare Algebra .... Best.-Nr. 54008
Analytische Geometrie – mit Hinweisen
zu GTR-/CAS-Nutzung .... Best.-Nr. 540038
Stochastik .... Best.-Nr. 94009
Analytische Geometrie – Bayern ... Best.-Nr. 940051
Analysis – Bayern .... Best.-Nr. 9400218
Analysis Pflichtteil
Baden-Württemberg .... Best.-Nr. 840018
Analysis Wahlteil
Baden-Württemberg .... Best.-Nr. 840028
Analytische Geometrie Pflicht- und Wahlteil
Baden-Württemberg .... Best.-Nr. 840038
Stochastik Pflicht- und Wahlteil
Baden-Württemberg .... Best.-Nr. 840091
Klausuren Mathematik Oberstufe Best.-Nr. 900461
Stark in Klausuren
Funktionen ableiten Oberstufe... Best.-Nr. 940012
Kompakt-Wissen Abitur Analysis ... Best.-Nr. 900151
Kompakt-Wissen Abitur
Analytische Geometrie .... Best.-Nr. 900251
Kompakt-Wissen Abitur Wahrscheinlichkeits-
rechnung und Statistik .... Best.-Nr. 900351
Kompakt-Wissen Abitur Kompendium
Mathematik – Bayern .... Best.-Nr. 900152
Abitur-Skript
Mathematik – Bayern .... Best.-Nr. 9500S1

Physik

Physik 1 – Elektromagnetisches Feld
und Relativitätstheorie .... Best.-Nr. 943028
Physik 2 – Aufbau der Materie ..... Best.-Nr. 943038
Mechanik .... Best.-Nr. 94307
Abitur-Wissen Elektrodynamik ..... Best.-Nr. 94331
Abitur-Wissen Aufbau der Materie Best.-Nr. 94332
Klausuren Physik Oberstufe .... Best.-Nr. 103011
Kompakt-Wissen Abitur Physik 1 – Mechanik, Thermo-
dynamik, Relativitätstheorie .... Best.-Nr. 943012
Kompakt-Wissen Abitur Physik 2 –
Elektrizitätslehre, Magnetismus, Elektrodynamik,
Wellenoptik .... Best.-Nr. 943013
Kompakt-Wissen Abitur Physik 3 – Atom-,
Kern- und Teilchenphysik .... Best.-Nr. 943011

Biologie

Biologie 1 – Strukturelle und energetische Grundlagen
des Lebens · Genetik und Gentechnik · Der Mensch
als Umweltfaktor – Populationsdynamik und
Biodiversität .... Best.-Nr. 947038
Biologie 2 – Evolution · Neuronale Informationsverar-
beitung · Verhaltensbiologie .... Best.-Nr. 947048
Biologie 1 – Baden-Württemberg
Zell- und Molekularbiologie · Genetik · Neuro-
und Immunbiologie .... Best.-Nr. 847018
Biologie 2 – Baden-Württemberg
Evolution · Angewandte Genetik
und Reproduktionsbiologie .... Best.-Nr. 847028
Biologie 1 – NRW, Zellbiologie, Genetik, Informati-
onsverarbeitung, Ökologie .... Best.-Nr. 54701
Biologie 2 – NRW,
Angewandte Genetik · Evolution ... Best.-Nr. 54702
Grundlagen, Arbeitstechniken
und Methoden .... Best.-Nr. 94710
Abitur-Wissen Genetik .... Best.-Nr. 94703
Abitur-Wissen Neurobiologie ...... Best.-Nr. 94705
Abitur-Wissen Verhaltensbiologie . Best.-Nr. 94706
Abitur-Wissen Evolution .... Best.-Nr. 94707
Abitur-Wissen Ökologie .... Best.-Nr. 94708
Abitur-Wissen Zell- und
Entwicklungsbiologie .... Best.-Nr. 94709
Klausuren Biologie Oberstufe .... Best.-Nr. 907011
Kompakt-Wissen Abitur Biologie
Zellbiologie · Genetik · Neuro- und Immunbiologie
Evolution – Baden-Württemberg ... Best.-Nr. 84712
Kompakt-Wissen Abitur Biologie
Zellen und Stoffwechsel · Nerven · Sinne und Hormone ·
Ökologie .... Best.-Nr. 94712
Kompakt-Wissen Abitur Biologie
Genetik und Entwicklung · Immunbiologie ·
Evolution · Verhalten .... Best.-Nr. 94713
Kompakt-Wissen Abitur Biologie
Fachbegriffe der Biologie .... Best.-Nr. 94714

Alle so gekennzeichneten Titel sind auch als eBook
über **www.stark-verlag.de** erhältlich.

(Bitte blättern Sie um)

Englisch

Übersetzung	Best.-Nr. 82454
Grammatikübungen	Best.-Nr. 82452
Themenwortschatz	Best.-Nr. 82451
Grundlagen, Arbeitstechniken, Methoden mit Audio-CD	Best.-Nr. 944601
Sprachmittlung	Best.-Nr. 94469
Sprechfertigkeit mit Audio-CD	Best.-Nr. 94467
Klausuren Englisch Oberstufe	Best.-Nr. 905113
Abitur-Wissen Landeskunde Großbritannien	Best.-Nr. 94461
Abitur-Wissen Landeskunde USA	Best.-Nr. 94463
Abitur-Wissen Englische Literaturgeschichte	Best.-Nr. 94465
Kompakt-Wissen Abitur Wortschatz Oberstufe	Best.-Nr. 90462
Kompakt-Wissen Abitur Landeskunde/Literatur	Best.-Nr. 90463
Kompakt-Wissen Kurzgrammatik	Best.-Nr. 90461

Deutsch

Dramen analysieren und interpretieren	Best.-Nr. 944092
Erörtern und Sachtexte analysieren	Best.-Nr. 944094
Gedichte analysieren und interpretieren	Best.-Nr. 944091
Epische Texte analysieren und interpretieren	Best.-Nr. 944093
Abitur-Wissen – Erörtern und Sachtexte analysieren	Best.-Nr. 944064
Abitur-Wissen – Textinterpretation Lyrik · Drama · Epik	Best.-Nr. 944061
Abitur-Wissen Deutsche Literaturgeschichte	Best.-Nr. 94405
Abitur-Wissen Prüfungswissen Oberstufe	Best.-Nr. 94400
Kompakt-Wissen Rechtschreibung	Best.-Nr. 944065
Kompakt-Wissen Abitur Literaturgeschichte	Best.-Nr. 944066
Epochen der deutschen Literatur im Überblick	Best.-Nr. 104401
Klausuren Deutsch Oberstufe	Best.-Nr. 104011

Natürlich führen wir noch mehr Titel für alle Fächer und Stufen: Alle Informationen unter www.stark-verlag.de

Chemie

Chemie 1 – Gleichgewichte · Energetik · Säuren und Basen · Elektrochemie	Best.-Nr. 84731
Chemie 2 – Naturstoffe · Aromatische Verbindungen · Kunststoffe	Best.-Nr. 84732
Chemie 1 – Bayern Aromatische Kohlenwasserstoffe · Farbstoffe · Kunststoffe · Biomoleküle · Reaktionskinetik	Best.-Nr. 947418
Methodentraining Chemie	Best.-Nr. 947308
Rechnen in der Chemie	Best.-Nr. 84735
Abitur-Wissen Protonen und Elektronen	Best.-Nr. 947301
Abitur-Wissen – Stoffklassen organischer Verbindungen	Best.-Nr. 947304
Abitur-Wissen Biomoleküle	Best.-Nr. 947305
Abitur-Wissen – Chemie am Menschen – Chemie im Menschen	Best.-Nr. 947307
Klausuren Chemie Oberstufe	Best.-Nr. 107311
Kompakt-Wissen Abitur Chemie Organische Stoffklassen · Natur-, Kunst- und Farbstoffe	Best.-Nr. 947309
Kompakt-Wissen Abitur Chemie Anorganische Chemie, Energetik · Kinetik · Kernchemie	Best.-Nr. 947310

Erdkunde/Geographie

Geographie Oberstufe	Best.-Nr. 949098
Geographie 1 – Bayern	Best.-Nr. 94911
Geographie 2 – Bayern	Best.-Nr. 94912
Geographie 2014 Baden-Württemberg	Best.-Nr. 84906
Geographie – NRW Grundkurs · Leistungskurs	Best.-Nr. 54902
Prüfungswissen Geographie Oberstufe	Best.-Nr. 14901
Abitur-Wissen Entwicklungsländer	Best.-Nr. 94902
Abitur-Wissen Europa	Best.-Nr. 94905
Abitur-Wissen Der asiatisch-pazifische Raum	Best.-Nr. 94906
Kompakt-Wissen Abitur Erdkunde – Allgemeine Geografie · Regionale Geografie	Best.-Nr. 949010
Kompakt-Wissen Abitur – Bayern Geographie Q11/Q12	Best.-Nr. 9490108

Alle so gekennzeichneten Titel sind auch als eBook über **www.stark-verlag.de** erhältlich.

Bestellungen bitte direkt an:
STARK Verlagsgesellschaft mbH & Co. KG · Postfach 1852 · D-85318 Freising
Telefon 0180 3 179000* · Telefax 0180 3 179001*
www.stark-verlag.de · info@stark-verlag.de
*9 Cent pro Min. aus dem deutschen Festnetz, Mobilfunk bis 42 Cent pro Min.
Aus dem Mobilfunknetz wählen Sie die Festnetznummer: 08167 9573-0

23-VIT_NW

Lernen • Wissen • Zukunft
STARK